Herderbücherei

Band 1140

Über das Buch

Seit Jahren beschäftigen sich führende amerikanische Psychologen mit der Wiederentdeckung der Freude. Abraham Harold Maslow gab die entscheidende Anregung dazu. Er hat beobachtet, daß es in jedem Leben „Gipfel- und Plateau-Erfahrungen" gibt, Augenblicke höchster Erfüllung. In solchen Augenblicken ist der Mensch ganz gelöst, weil er ganz bei sich selbst ist. Festzustellen war freilich auch, daß viele Menschen solche lebensdienlichen Erfahrungen ablehnen, leugnen und unterdrücken oder sich vor ihnen ängstigen. Da sie ihre lebensbereichernde Wirkung nicht nutzen können, leiden sie häufig an Langeweile, innerer Leere, Depression, ja sogar an Verzweiflung und Lebensekel. Ausgehend von den Forschungen von Maslow, zeigt der Autor, wie diese Glückserfahrungen beschaffen sind. Er schildert, wie man seinen Alltag zu einem Fest umgestalten kann, und ermutigt den Leser, sich auf die Suche nach seinem eigenen Daseinsglück zu begeben. Dazu braucht man weder ein Glückspilz zu sein noch im Geld zu schwimmen. Man muß nur bereit sein, die inneren Quellen der Freude zu erschließen und sich dem stets darbietenden Reichtum des Lebens zu öffnen.

Über den Autor

Oskar Lockowandt wurde 1935 in Ülsbyholz im Kreis Schleswig geboren. Nach einer unglücklichen Jugend, überschattet von den Wirkungen des Kriegsendes, Abitur an der Kieler Gelehrtenschule. Tief geprägt von dem dort mit ungewöhnlichem Einsatz von ehemaligen Kriegsteilnehmern als Lehrern vermittelten, in der Antike verankerten tragischen Humanismus. Zunächst Vertiefung in die Altphilologie und Germanistik durch Studium an der Universität Kiel. In der Sinnsuche jüngerer Jahre angezogen durch die Philosophie Heideggers und Fortsetzung des Studiums in Freiburg im Breisgau. Hinwendung zur experimentell und philosophisch zugleich begründeten Psychologie von Robert Heiß. Diplom-Psychologe 1963, Dr. phil. 1966, Habilitation 1978. Professor für Psychologie an der Universität Bielefeld. Interessenschwerpunkte sind Psychologische Diagnostik, Kinderpsychotherapie und Theoretische Psychologie (Humanistische Psychologie).

Oskar Lockowandt

Mach ein Fest aus deinem Leben

Wie man vom Glück beschenkt wird

Herderbücherei

Originalausgabe
erstmals veröffentlicht als Herder-Taschenbuch

Herder Freiburg · Basel · Wien
Herstellung: Freiburger Graphische Betriebe 1984
ISBN 3-451-08140-7

Meinem Bruder Paul
für die Freude, die er mir bereitete

Inhalt

1. *Das Leben als Fest – Provokation oder ehrlich gemeint?* 9
   Zwei Einwände 10
   Zwei Thesen 14

2. *Das Glück oder die offene Flanke des Wissenschaftlers* . 21
   Gipfel-Erlebnisse 22
   Plateau-Erlebnisse 27

3. *Report der Seligkeiten* 33
   Wandlungen des Gefühls 35
   Mit neuen Augen sehen 39

4. *Viele Wege führen auf den Gipfel* 44
   Die Ekstase – befragt 46
   Nur eine kleine Madeleine 50

5. *Die Vergeblichkeit des direkten Angriffs* 55
   Entgrenzung und Offenheit 56
   Gelassenheit 62

6. *Das Versagen der Worte* 68
   Mystisches Schweigen 70
   Rhapsodische Kommunikation 74

7. *Gefahren der Höhe* 80
   Die Schranken in uns 82
   Verschmähte Gaben 86

8. *Von der Überwindung der Schwerkraft* 92
Die Botschaft des Tanzes 94
Minerva-Erlebnisse 97

9. *Erleuchtung im Schmerz* 103
Das Wunder der Sprache 104
Fortwirkendes Beispiel 109

10. *Der gesprengte Kerker* 113
Erziehung durch Gott: Alfred Delp 115
Fahnen über dem Dasein 118

11. *Die größte aller Herausforderungen* 123
Der Umgang mit Widersprüchen 125
„... die Dinge Ihrer Umgebung" 130

Dank einem lachenden Psychologen 135

Anmerkungen 137

Personenregister 141

1.

Das Leben als Fest – Provokation oder ehrlich gemeint?

Ein Buch über das Fest und die Freude, gar das Fest des Lebens – ist dies in unserer zerrissenen und unsicheren Zeit überhaupt gerechtfertigt? Ist derjenige, der sich an ein solches Unternehmen wagt, nicht ein Phantast oder vielleicht, was noch verwerflicher wäre, ein Scharlatan? Wie, bitte, rechtfertigen Sie Ihr Vorhaben, wurde ich des öfteren gefragt, als ich über meine Absicht sprach.

In diesen zumeist skeptischen Stellungnahmen begegnete mir das erste Problem: Wer vom Dasein als Fest zu reden beabsichtigt oder von der Freude – „Fest ist Freude und nichts sonst“, sagt der heilige Chrysostomus mit Recht – oder vom Glück, fühlt sich gedrängt, seine Intention zu rechtfertigen. Und dies nicht nur vor anderen, sondern auch und gerade vor sich selbst. Trauer, Trübsinn – das Unglück und alle seine Erscheinungsformen verstehen sich von selber, das Glück hingegen nicht.

Ist der Titel also bloß provokativ oder ist es dem Autor ernst damit, fragt man billigerweise. Vergessen wir angesichts des Themas das Wort ‚ernst‘ und setzen wir stattdessen das Wort ‚ehrlich‘. Meint er es ehrlich, oder formuliert er nur eine Schlagzeile, um sich einer modernen Gewohnheit anzupassen, nämlich vor den Kopf zu stoßen, um sich Gehör zu verschaffen?

Um die Ehrlichkeit der Gesinnung zu bezeugen, scheint es das Nützlichste, über die bloße Beteuerung hinauszugehen und sich anstattdessen ein wenig zu offenbaren und auf das Vertrauen des Lesers zu hoffen.

Immer wenn ich mich in die Geschichte zurückwende, drängt sich mir von allen verständnisfördernden Vergleichen einer besonders intensiv auf. Ich stelle sie mir versuchsweise wie ein großes Weltorchester vor, das alle möglichen Töne und Geräusche hervorzubringen in der Lage ist und bemerke dabei: Es gibt ein Grundgeschehen, einen Generalbaß gleichsam, dumpf, unverständlich und auch mit schrecklich schrillen Einschlägen; darüber oder dahinter aber vernimmt der aufmerksame Zuhörer eine leise und liebliche Melodie, wie von einer betörenden Panflöte gespielt. Sie wirft mit einer zärtlichen Hand einen Zauber über die Welt. Das ist die tröstliche Melodie des Glücks.

Auf sie weisen die Lebenskundigen aller Zeiten hin. Sie mahnen uns, über dem sich vordrängenden grausamen Grundbaß eben diese stets und zu allen geschichtlichen Situationen anders klingende und variierte, aber immer herzergreifende Melodie im Hintergrund nicht zu vergessen. „Siehe, ich habe dir geboten, daß du getrost und unverzagt seist", verkündet der Prophet Josua: „Laß dir nicht grauen und entsetze dich nicht!" Aber auch heute noch gibt es diese Sensiblen und Zuversichtlichen, die wie der Maler Oskar Kokoschka kurz vor seinem Tod in einem Fernsehinterview ohne jede Scheu bezeugen: „Ich sehe nichts Übles in der Welt, ich sehe nur Wunder."

Zwei Einwände

Mit dieser Überzeugung setzt man sich zwei Einwänden aus, nämlich im Verdachte zu stehen, ein leichtfertiger Idealist oder Optimist zu sein und man hänge einem üblen, weil fortschrittsfeindlichen Konservatismus an. Manch einer mag sich wundern, daß wir diese beiden uns zugedachten Bezeichnungen überhaupt als Einwände, als Vorwürfe gar, als Wertminderungen also auffassen. Es gibt jedoch in der Tat einen naiven Idealismus und einen naiven Konservatismus in Formen, die als Weltflucht und als Neuerungsangst in Erscheinung treten. In diesem Sinne haben wir nichts mit ihnen zu schaffen; denn das uns hier beschäftigende Problem liegt jenseits dieser weltanschaulichen Positionen. Wir suchen die immerfließende Quelle des Lebens aufzudecken, wogegen diese Weltansichten gar nicht um sie wissen und daher zumeist zu einer Verarmung des Lebens führen.

Für diese tiefere Betrachtung gilt nun: Wer das Fest des Lebens feiern will, das Leben als Fest also, der muß sich irgendwann – sei es nach schwerer Qual, sei es nach lange geübter distanzierter Neutralität – zu der Einsicht durchringen, daß die erfrischende und heilende, weil sinnbietende Freude die *Gutheißung der Welt im ganzen* voraussetzt. Hier gibt es nur ein Entweder-Oder. „Wir sollten bedenken, daß wir in einer Welt der Bejahung und nicht der Verneinung leben, denn Leben ist Bejahung selber", sagt der Zen-Meister Suzuki[1]. Nietzsche, der um diese Haltung zur Welt zeitlebens gerungen hat und der dazu zuerst einmal den schopenhauerschen Pessimismus zu überwinden hatte, nennt diese vertrauensvolle Hinneigung zur Schöpfung „das ungeheure unbegrenzte Ja- und Amen-Sagen" und stellt für alle Festesfreude den unumstößlichen Grundsatz auf: „Um Freude irgendworan zu haben, muß man *alles* gutheißen."[2]

Nehmen wir es als Zeichen der Wahrheit, daß in diesem Punkte Nihilist und Christ zur selben Grundüberzeugung gelangen; denn der katholische Philosoph Pieper, der die bedeutendsten Untersuchungen über das Fest geschrieben hat, stellt ganz in diesem Sinne fest: „Jeder am Konkreten sich entzündenden Festfreude liegt notwendig eine schlechthin universale Zustimmung voraus, sich erstreckend auf die Welt im ganzen, sowohl auf die Wirklichkeit der Dinge wie auf das Dasein des Menschen selbst."[3] Jedes wirkliche Fest, die Auffassung des Lebens als Fest ohne Katzenjammer ist begründet in einer Haltung des Ja, und sofern man es nicht zu feiern in der Lage ist, muß die Diagnose gestellt werden, wie tief und wie radikal die Verneinung bereits gedrungen ist. Hat die Negation begonnen, die Lebensfundamente anzugreifen, so hilft nur die Wiedergewinnung der Erkenntnis, „daß *der* ‚festliche Anlaß' schlechthin, der alles Feiern allein letztlich zu begründen vermag, wirklich gilt und besteht; daß nämlich, auf die knappste Formulierung gebracht, im Grunde alles, was ist, gut ist und daß es gut ist, zu sein" (Pieper).

Wem dieser Gedanke zu weitgreifend ist, der halte sich ans

Nächstliegende; es spricht zu ihm in derselben Weise. Er erinnere sich an eine Situation, als er von Liebe hingerissen, selig und erhoben sich fühlte oder als er für sich allein eine Landschaft entdeckte, in deren Schönheit zu treten ihm wie ein Schritt ins Paradies erschien und er wird nicht umhin können, in sich gleichzeitig ein Gefühl der „Zustimmung zur Welt im ganzen“ zu bemerken. Nicht nur das Gesicht der Geliebten und nicht nur das Farbwunder der Natur schenkt sich ihm, im selben Moment – vorausgesetzt er vermag sich dem zu öffnen – empfängt er vielmehr das viel größere Geschenk; Gesicht und Landschaft und alles wirklich Wunderbare und Schöne *weisen nämlich über sich hinaus.* So lange sein Blick in Liebe auf ihnen verweilt, werden sie ihm zu Erscheinungen eines viel Größeren. Dann verbinden sich Einzelnes und Übereinzelnes im selben Preislied.

Dann werden ihm die Trunkenen im Geiste verständlich; denn sie tun ständig einen Schritt über das Gegebene hinaus und dies bemerkenswerterweise, indem sie sich gleichzeitig in Liebe bei ihm aufhalten. Ganz gleich, ob wir mehr dazu neigen, alles Einzelne im Gefühl eines allgemeinen Lichtes zu sehen oder es vorziehen, das Einzelne gleichsam als erste Stufe des Aufstiegs zur Erkenntnis der Bejahung zu begreifen – der Wille zur Zustimmung ermöglicht erst die Festesfreude.

Was den Einwand des Konservatismus anbetrifft, so unterstützen wir selbstverständlich nicht etwa das Motto: So ist es, so sei es! Gutheißung bedeutet nicht zugleich auch Billigung oder gar Lobpreisung der jeweils vorfindbaren Lebensbedingungen. Angesichts der Leiden in uns und um uns hieße dies, den Zynismus schlechthin zum moralischen Prinzip zu erheben. Wir sind und bleiben aufgerufen, aktiv an der Umgestaltung unserer Welt zu einem besseren Sein – worin immer dieses erblickt werden mag – mitzuhelfen. Immer wichtiger wird angesichts der Fähigkeit des Menschen zu Glück und Selbstvernichtung Teilhards, des großen optimistischen Visionärs Mahnung, die Verantwortung eines jeden einzelnen für die Fortentwicklung des ganzen ernstzunehmen. „Wir lesen nicht nur in unseren unbedeutendsten Handlungen das Geheimnis ihrer Wege (der Evolution nämlich, O. L.), sondern zu einem entscheidenden Teil halten wir sie auch in unseren Händen: vor ihrer Zukunft für ihre Vergangenheit verantwortlich."[4]

Dies kann jedoch nicht bedeuten, daß wir uns erst dann freuen können und dürfen, wenn die Welt in Ordnung gebracht worden ist. Die besondere Leistung der erwähnten Zustimmung besteht gerade in der Begegnung mit dem Unglück, dem Bösen, den Übeln und den Schrecklichkeiten – und dem Standhalten angesichts dieser ständigen Bedrohungen. Hierin liegt möglicherweise auch der Grund dafür, daß das Lebensfest nicht zu einem behaglichen Glück im Winkel, zu einer engherzigen Idylle verkommt. Feste und Feiern werden flach und inhaltsleer, sie werden zu bloßen Ritualen und Formalitäten, zu gedankenlosen Schenkorgien herabgewirtschaftet, wenn der Blick aufs ganze der Welt verengt wird. „Die Gutheißung ist nicht so zu denken", betont daher auch Pieper, „als käme sie zustande durch das Absehen von dem Schrecklichen in der Welt; eher müßte man sagen, ihr Ernst erweise sich gerade in der Konfrontierung mit dem geschichtlich Bösen."

Im Fest sagen wir zugleich Ja und Nein. Wir loben das Leben als gut und voller rätselhafter Kräfte der Heilung; eben daraus aber entsteht in uns eine dankesbestimmte Aktivität, Nein zu sagen zum Leiden in der Welt. Zwiefach sind daher die Fehleinstellungen zum Fest und die Festverhinderungen: Wer immer und zu allem Ja sagt, wer das gerade Gegebene in all seinen Formen billigt, der naive Konservative also, ihm zerrinnt der verlebendigende Sinn der Feste. Es kommt dann zu der oft bedauerten Tatsache, daß die Kinder die Feste der Eltern nur noch als Pflichtübungen erleben. Wer dagegen nur Nein sagt, der naive Revolutionäre also, kann die verwunderliche Erfahrung machen, daß ihm zu seinen neu eingeführten Festen die Teilnehmer ausbleiben.

Immer dann kommt es zum Verfall der Feste, immer dann verlieren sie ihre große Kraft der Integration, der Heilung und Einung, wenn der Mensch sich gleichsam in einen Schonraum begibt, wenn er sich aus der Grundbefindlichkeit der Spannung zwischen den Mächten des Lebens herauszunehmen versucht. Daher ist es ungerechtfertigt und überzogen, wenn man von einem Fest stets und immer erwartet, es solle fröhlich sein. Natürlich kann ein Fest angefüllt und angeregt sein durch Witz und Ulk, durch Lachen und Tanzen, durch die Narrenkappe und den Wein; dies alles ist jedoch nur Beiwerk. Das Fest selbst wird zum Fest dadurch nicht allein, im Gegenteil, Festvorbereitungen, die nur auf dieses Beiwerk beim Gelingen setzen, erleben nicht selten eine herbe Enttäuschung. Fröhlichkeit und Ausgelassenheit sind beim Feste willkommen, notwendig aber sind sie nicht. Der still Lächelnde, der abseits von all diesem Treiben den guten Willen Gottes in sich wirken fühlt, feiert möglicherweise das eigentliche Fest.

Zwei Thesen

Zwei Gedanken begegnen jedem irgendwann einmal, wenn er von einer Erneuerung unseres Lebens träumt und sich überzeugt hat, daß hier den Festen eine besonders wichtige Rolle zufällt.

Da ist einmal das moralische Verdikt von der Unmöglichkeit weil Nichtzulässigkeit der Feste. Immer wieder einmal wird mit dem Ernst, der Trauerbotschaften eigen ist, behauptet, die Gegenwart sei so entsetzlich schlecht, daß jedes Fest seine Daseinsberechtigung verloren habe. Die Protagonisten dieses Schwarzsehertums pflegen die immer und überall gegenwärtigen Leiden der Menschen mit so düsteren und vor allem so überwältigend bedrohlichen Farben zu malen, daß jede festliche Überhöhung des Daseins sich anscheinend von selbst verbietet. Ja, der das Fest des Lebens Preisende kann bisweilen sogar in die Gefahr geraten, vom schlechten Gewissen geplagt zu werden, wenn er so die einseitige Rechnung des Bösen in der Welt und besonders in der Gegenwart aufgemacht bekommt.

Merkwürdig ist, daß gerade mit Glück und Wohlstand gesegnete Zeiten zu solchen kulturpessimistischen Klagen neigen, daß demgegenüber karge Zeiten viel gläubigere und ermutigendere Zeugnisse aufzuweisen haben. Ich erinnere mich, daß in äußerster Not und Zukunftslosigkeit bei Kriegsende in meinem

Elternhaus die erfülltesten Feste meines Kinderlebens gefeiert wurden.

Dabei sind es nicht die Vielen, die diese Verschiebung der Akzente von der Heiterkeit zum Trübsinn vornehmen, sondern wenige Privilegierte, die den unheilvollen Ton angeben. Es sind Menschen – Dichter zumeist und Publizisten –, die bei Lichte besehen und im Vergleich mit der unerträglichen Last, die anderen Menschen in weniger begüterten Ländern der Erde aufgebürdet ist, gar keinen Grund zu dieser Verdüsterung des Lebens haben. Der Philosoph des Glücks, Ludwig Marcuse, hat eine Erklärung versucht; er vermutet einen Zusammenhang zwischen „dem Mangel an Vitalität eines Menschen ... und der pessimistischen Metaphysik, die er verkündet oder bekennt."[5] Es seien Pessimisten, die mit der Realität des Unglücks nicht fertigwerden könnten.

Mag diese Deutung nun stimmen oder nicht, die Gleichzeitigkeit der Ereignisse bleibt überraschend. Gegenwärtig wird der Trüb-Sinn exemplarisch in allen seinen Formen durchgespielt und in Verse gesetzt von dem Lyriker Günter Kunert. Mit Verwunderung nimmt man diese depressiven Botschaften in einem „Abtötungsverfahren"[6] genannten Gedichtband zur Kenntnis von einem Manne, der – wie man erfährt – nach seiner Übersiedelung von der DDR in die Bundesrepublik über nichts zu klagen hat, was sonst das Dasein verdunkeln kann. Seine Gedichte seien Befunde, heißt es im Werbetext; dem ist entschieden zu widersprechen. Die Stimmung des untenstehenden Gedichts ist typisch für diese Klage- und Selbstzerstörungslyrik. Man beobachtet hier aber auch, daß der Glücksüberfluß dieser Welt sich nicht unterkriegen läßt; man kann sein Erscheinen nicht einmal aktiv verhindern. Denn das Unglück tritt hier im besten Anzug auf, die Bilder der Entmutigung sind mit brillanter Sprache inszeniert. Sinn und Schönheit, nachdem sie durch den Inhalt geleugnet worden sind, treten durch die erlesene Wahl der Darstellungsmittel, durch die hohe Sprachschönheit umso strahlender hervor. Hier wird das Unglück mit Goldrand gemalt.

Forschungsauftrag

Heute hat das Glück
keine Namen mehr
Es hat sein Ansehen
verloren
sein Aussehen Die Kugel
Das Füllhorn Das Kleeblatt

Wer es sucht
findet an seiner Stelle
nichts
eine Lücke im Befinden
im Mauerwerk der Welt
einen Riß

jenseits dessen vielleicht
Angstlosigkeit anfängt.

Hat man sich jedoch durch die Erfahrungen seines Lebens davon überzeugt, daß die Anlässe zur Freude so unausschöpflich und so reich sind, daß man sie nicht nur nicht auffinden muß, sondern im Gegenteil sich ihnen gar nicht entziehen kann, dann muß es einem wie blanker Hohn vorkommen, wenn hier mit dem Titel ‚Forschungsauftrag' die Vorstellung suggeriert wird, man müsse Wissenschaftler beauftragen, das Glück ausfindig zu machen, da seine Entdeckung für unsere Alltagsexistenz unmöglich geworden ist. Man muß schon in einer trotzigen Verneinung viele Seiten unseres Lebens ausblenden, um eine solche Position zur Welt zu erreichen.

So schaurig unser Erdenunglück auch immer gezeichnet und dargeboten wird, das Arsenal der Ausdrucksmittel ist gottseidank begrenzt. Ständig wiederholt wird das Klischee, daß das Glück im wesentlichen Negativität ist, ein „Loch im Sein" oder wie es hier im Gedicht heißt „im Mauerwerk der Welt ein Riß". Dadurch sehen wir nicht etwas, sondern nur das Fehlen von etwas. Dieser Vorstellung, daß das Glück nur die Abwesenheit von etwas, nämlich des Unglücks ist, daß also das Glück nichts Positives ist, soll an anderer Stelle nachgegangen werden; sie beruht auf einem Gedankentrick, der durch die Jahrhunderte immer dieselbe Form behalten hat. Marcuse hat darauf aufmerksam gemacht, daß immer dann, wenn man das Un-Glück ins Zentrum der Aufmerksamkeit rückt, das Glück als etwas Sekundäres und Abgeleitetes erscheinen muß. Glück ist dann im Grunde Un-Unglück.

Aber täuschen wir uns nicht; es gibt eine Konjunktur mit dem Unglück, der Angst, den Lemuren, die unser Dasein umlauern. Demgegenüber wurde Maslow nicht müde, die Falschheit dieser Vorstellung zu demonstrieren: Glück ist nicht Un-Unglück. Wer sich nicht nur auf sich selbst verläßt, sondern die Berichte anderer Menschen ernstnimmt, kann sich davon überzeugen, daß diese Vorstellung der Alltagserfahrung in gar keiner Weise entspricht. Freude und Glück sind vielmehr etwas in sich selbst, etwas Positives, etwas Selbständiges; *Seinswerte* nennt Maslow sie daher. Daher können wir nach ihnen streben im Vertrauen darauf, daß sie uns auch geschenkt werden; wir brauchen nicht nur in der Haltung der Vermeidung des Unglücks zu verharren. Vielmehr ist ein Mensch, der seine produktive Aktivität aufgegeben hat und nur noch in der seltsamen Hoffnung lebt, daß etwas nicht eintreten möge, eine Figur des grotesken Theaters. Es sei denn, er ist bereits krank.

Unsere erste These lautet, daß es nie und zu keiner Zeit hinreichende Gründe dafür gibt oder beigebracht werden können, daß das Fest des Lebens nicht stattfinden soll. Keine Zeit hat so sehr unter Übeln und Schrecknissen zu leiden, daß Feste auszubleiben hätten. Im Gegenteil behaupten wir vielmehr, daß Feste heute not-wendig im wörtlichen Sinne sind. Sie sind Mittel zur Bewältigung von Schwierigkeiten und müssen gerade in schlechten Zeiten arrangiert werden.

Die Rede von der Negativität des Glücks, vom Riß im Mauerwerk der Welt also enthält nur die halbe Wahrheit oder vielleicht sogar gar keine. Hier wird die Festlichkeit des Lebens nur nicht zugestanden; der bunte Reigen der Singenden und Tanzenden wird mit einem Schirm zugestellt, und auf diesen malen die Verkünder der Metaphysik der Katastrophe dermaßen überwältigende und eindringliche Bilder des Unglücks, daß eben alle Heiterkeit des Lebens von der Welt verschwunden zu sein *scheint* – aber eben auch nur dies! Es gibt, mit Friedrich Sieburg zu sprechen, eine „Lust am Untergang"[7]. Halten wir uns stets vor Augen und im Gedächtnis, daß es eben nur Bilder sind und unterscheiden wir stets zwischen ihnen und der Wirklichkeit, dem tiefen Schöpfungsgrund des Lebens, im Vergleich zu dem diese Bilder sich doch recht blaß und unglaubwürdig ausnehmen. „Die Positivität des Glücks ist nur deshalb verdeckt, weil die Bilder, die sie vom Unglück malten, so unvergeßlich sind" (Marcuse).

Sodann ist durch neuere Erkenntnisse der Psychologie immer deutlicher und überzeugender die zweite These geworden, nämlich daß die Festfreude und das damit verbundene Glücksgefühl lernbar sind. Manchem Mißlaunigen oder Mißtrauischen wird diese These besonders kühn und vor allem verdächtig erscheinen. Dennoch, es ist so: Die Freude am Leben ist zwar ein Geschenk; aber das Empfangen-Können ist lernbar.

Maslow betonte im Alter immer wieder diesen seinen Untersuchungsbefund bei Menschen, die sich auf den Weg der Selbstverwirklichung begeben hatten und noch ein Jahr vor seinem Tod sagte er von ‚Plateau-Erlebnissen', Glückserfahrungen der seelischen Ruhe und Ausgeglichenheit: „Sehr wichtig ist heute in einem aktuellen Sinne die Erkenntnis, daß man Plateau-Erlebnisse erreichen, erlernen und erlangen kann durch lange schwere Arbeit." Allerdings fallen sie einem nicht zu, man muß für sie durch Mühe und Anstrengung den inneren Raum zum Empfangen vorbereiten. „Man kann sinnvollerweise danach streben. Aber ich weiß nicht, wie man die notwendige Reifung und Erfahrung, das Leben und Lernen dabei umgehen kann. All dies braucht Zeit. Eine flüchtige Erleuchtung ist sicherlich möglich bei den Gipfel-Erlebnissen, die übrigens gelegentlich jeder haben kann. Aber gleichsam auf dem hohen Plateau des Bewußtseins der Einheit Wohnung zu beziehen – das ist eine ganz andere Sache. Das ist wohl eine lebenslange Anstrengung. Man sollte das nicht mit dem Mittwochabend-Schwips verwechseln, den viele junge Leute für *den* Weg zur Transzendenz halten. Man sollte es überhaupt mit keinem *ein-*

zelnen Erlebnis verwechseln. Die ‚spirituellen Disziplinen', die klassischen sowohl wie die neuen, die auch in diesen Tagen noch entdeckt werden, brauchen alle Zeit, Arbeit, Disziplin, Studium und Einsatz."[8]

Darum beziehen sich auch alle Ratschläge, wie sie uns die Lebenskunst – zu früheren Zeiten gab es eine solche als Lehrfach! – durch die Jahrhunderte gegeben hat, auf eben diese zu erfüllenden Voraussetzungen des Glücks und der Freude und auf das Wegräumen der Hindernisse und Barrieren. Für die Plateau-Erlebnisse gilt, daß sie nicht die Frucht des Nichtstuns sind, sie gibt es nicht, um mit Luther zu reden, für einen „faulen Bauch". Zwar kann die geforderte Anstrengung manchen Kleinmütigen an seinen Kräften zweifeln lassen, man mache sich jedoch stets klar, daß eben diese ihre Qualität uns mit Trost und Zuversicht erfüllen kann und muß. Wir brauchen uns nicht nur danach zu sehnen, uns ist vielmehr die Gabe verliehen, aus eigenem Antrieb die Tore zum Garten des irdischen Paradieses zu öffnen.

Wie die Empfehlungen im einzelnen auch immer beschaffen sein mögen, stets steht die Überzeugung dahinter, daß man die Freude und das Glück erlernen kann. Freilich nicht in der Form eines Könnens, einer Technik, der Beherrschung einer Tätigkeit, des zuverlässigen Gebrauchs einer Fertigkeit, sondern viel wahrscheinlicher durch ein *Nein zum Funktionszwang,* oder wie Pieper sagt, durch den „Ausstieg aus der bloßen Nutzungswelt". Wie die Wege dieses menschenwürdigsten Lernens sind, dies zu zeigen, bleibt Aufgabe der folgenden Betrachtungen; um aber der Verzagtheit und der Hoffnungslosigkeit schon hier abzuhelfen, sei betont und bekräftigt, daß die Freude, das Erlebnis des Plateaus, in unserer Reichweite liegt. Maslow stellt sogar fest, daß man „in dieser Einheitsschau fast willentlich zu sehen lernen kann". Wir sind nicht zur Freudlosigkeit und zum Unglück verdammt, sondern jeder einzelne Mensch darf im Vertrauen auf seine Kräfte, wie groß oder klein sie auch immer sein mögen, begründet hoffen, der Freude des Lebens teilhaftig zu werden.

Kein Zweifel also: Freude ist lernbar, und es gibt immer zureichende Gründe, um auf diesem Gebiete Schüler zu werden.

An diesem Satz sollte man – um den Erweckungsphilosophen Epiktet zu zitieren – festhalten wie an einem Gesetz, „in der Überzeugung, daß du dich schwer versündigst, wenn du dir Übertretungen erlaubst“[9]. Oder wenn man weniger rigoros als der Philosoph sein will, sollte man doch zu dieser Ansicht, auch wenn sie im eigentlichen Sinne natürlich nicht beweisbar ist, aus Gründen der guten Vernunft einladen.

2.

Das Glück oder die offene Flanke des Wissenschaftlers

> Vielleicht ist unsere derzeitige Zivilisation nicht wirklich moribund, nur schläfrig.
>
> *A. Koestler*

Im Sommer des Jahres 1961 hielt in der am kalifornischen Strand gelegenen Stadt La Jolla der Psychologe Abraham Harold Maslow einen Vortrag. Seine Persönlichkeit und seine wissenschaftliche Laufbahn waren dem Publikum wohlbekannt[10]. Er hatte sich in seiner Jugend mit Affen und Hunden beschäftigt, hatte ihre Bedürfnisse wie Hunger, Appetit und Sexualität untersucht und bei dem berühmten Affenforscher Professor Harlow seine Doktorarbeit geschrieben. Bewundernswert an ihm war: Aus den Slums von Brooklyn kommend hatte er Karriere gemacht und großes Ansehen erworben.

Auf dem Höhepunkt seines Lebens hatte er seine wissenschaftlichen Interessen geändert. Jetzt wendete er sich den Menschen zu, ihren seelischen Abnormitäten, ihren seelischen Krankheiten und besonders ihrer seelischen Gesundheit. Wenn man seinen Lebenslauf übersah, konnte man sicher sein, daß dieser ungewöhnliche Mann wieder für eine Überraschung gut war. Man erwartete ohnehin stets etwas Neues von ihm; daß er nicht in den ausgefahrenen Geleisen der Wissenschaft fahren würde, daß er vielmehr mit einem beherzten Griff den Schleier vor den Geheimnissen des Lebens ein wenig beiseite schieben würde. Man fragte sich, ob er auch heute wieder zu einem neuen Erkenntniszentrum den Weg weisen würde und er enttäuschte seine Zuhörer keineswegs.

Er begann, wie man es bei ihm gewohnt war; er wolle an diesem Abend eine „Exkursion in die Psychologie der Gesundheit" unternehmen. Er habe vor, über die besten und gesündesten Menschen zu sprechen, über die besten Beispiele der Menschheit, die er habe finden können. Er betonte sodann, daß sich nach seinen Befunden diese Menschen in einem unglaublichen Maße vom Durchschnitt unterschieden. Man erinnerte sich, daß er sie zu früheren Zeiten *sich selbst verwirklichende Menschen* genannt hatte und ausgedehnte Erkundigungen und Spekulationen über sie angestellt hatte. Er provozierte seine Zuhörer sogar mit der Behauptung, daß der Biologe, der da in einem Anfall von Euphorie oder Depression – wie man es nehmen will – behauptet hatte, er habe das fehlende Glied zwischen den Menschenaffen und den zivilisierten Menschen gefunden, durchaus recht habe, wenn er konstatiere, diese Menschen seien in der Tat gefunden: Wir selbst seien es, da wir nämlich noch längst nicht das seien, was wir sein sollten.

Gipfel-Erlebnisse[11]

Dann aber kam er zu dem Untersuchungsbefund, demgegenüber er ein zwiespältiges Gefühl hatte. Einerseits nämlich war er sich der Wirklichkeit und Wichtigkeit dieser Erfahrungen bei den besten Vertretern der Menschheit sicher; andererseits kamen sie ihm aber so ungewöhnlich vor, daß er um seine Reputation als Wissenschaftler fürchtete. Um die besondere und prekäre Lage, in die er da unversehens geraten war, zu kennzeichnen, nannte er seine Explorationen „eine Art Überfallkommando ins Unbekannte" und drückte außerdem die Befürchtung aus, daß er dabei seine wissenschaftlichen Flanken sehr weit exponiert habe. Der Mut angesichts der beobachteten Tatsachen siegte jedoch schließlich in diesem Konflikt, und er berichtete: „Ich lernte von diesen Menschen viele Lektionen. Aber einer gehört jetzt mein besonderes Interesse. Ich stellte fest, daß diese Menschen zu berichten pflegten, mysteriöse Erlebnisse gehabt zu haben, Augenblicke großer Ehrfurcht, Augenblicke des größten Glücks oder sogar des Entzückens, der Ekstase oder der Seligkeit."

Er wählte für diese Erlebnisse mit Bedacht das Wort Seligkeit, weil ihm das Wort Glück zu schwach erschien.

„Diese Augenblicke waren alle von reiner, positiver Glückseligkeit, wo alle Zweifel, Befürchtungen, Hemmungen, Spannungen und Schwächen verschwanden. Man verlor das Bewußtsein von sich selbst. Alle Trennung und Distanz von der Welt verschwand, da sie sich *eins* mit ihr fühlten, mit ihr verschmolzen, wobei sie wirklich in ihr waren und zu ihr gehörten, anstatt außenstehend in sie hineinzuschauen. (Eine Person sagte zum Beispiel: ‚Ich fühle mich wie das Mitglied einer Familie, nicht wie ein Waisenkind.')"

Aber diese Menschen machten nicht nur neue Gefühlserfahrungen, sondern drangen auch zu Erkenntnissen von lebensveränderndem Wert durch. „In diesen Glückserlebnissen war vielleicht am wichtigsten der Bericht, daß diese Menschen wirklich die letzte Wahrheit gesehen haben, das Wesen der Dinge, das Geheimnis des Lebens, wie wenn Schleier beiseite gezogen wären. Der Psychotherapeut und Schriftsteller Alan Watts hat dieses Gefühl als ‚Dies ist *es*!' beschrieben, als ob man schließlich dorthin gekommen wäre, als ob das gewöhnliche Leben Streben und Anstrengung wäre, irgendwohin zu kommen, und dies war die Ankunft, dies war *Dort Sein*!; das Ende der Anstrengung des Strebens, die Vollendung des Wünschens und des Hoffens, die Erfüllung des Sehnens und des Verlangens. Jeder weiß, wie es ist, wenn man sich etwas wünscht und nicht weiß, was. Diese mystischen Erlebnisse sind wie die endgültige Befriedigung eines unbestimmten, unbefriedigten Verlangens. Sie sind wie das plötzliche Eintreten in den Himmel, wie ein Wunder, das geschehen ist, wie eine Vollendung, die endlich erreicht wurde."

Ganz sicher, auch wenn er es von sich nicht bekannte, um nicht durch zu starke Egozentrik den Wert seines Befundes zu schmälern, war er selbst ein solcher Mensch und sicher war auch sein Leben von solchen seltsamen Erfahrungen durchzogen. Wie hätte er sie sonst so farbig und konkret beschreiben können? Diese Fähigkeit ist nur einem Insider gegeben. Immer aber stellte er seine eigenen Erfahrungen zurück. Anstattdessen demonstrierte er diese besonderen metaphysischen Erlebnisse sozusagen mit einer leidenschaftlichen Sachlichkeit und dies mit der Absicht, an der Wahrheit ihrer Existenz keinen Zweifel aufkommen zu lassen.

Daher war es naheliegend, daß ihm bald auch der Name für diese Erlebnisse besonderer Freude, Wonne und Glückseligkeit nicht mehr angemessen erschien. Große Menschen aller Zeiten, besonders Heilige bezeugen solche Erlebnisse; daher sind wir gewohnt, sie ‚mystisch' zu nennen. Der Religionspsychologe William James hatte diese *‚mystischen Bewußtseinszustände'*[12] bereits um die Jahrhundertwende genau beschrieben. Er hebt vor allem vier Eigenschaften an ihnen heraus: daß man nur schwer über sie sprechen kann, daß sie Einsichten in ungeahnte Tiefen der Wahrheit gewähren, daß sie flüchtig sind und daß wir in ihnen passiv von einer höheren Macht ergriffen zu werden scheinen. James stieß auch als erster die Tore des damals besonders engen Hauses der Wissenschaft auf, um für diese menschlichen Erfahrungen Platz zu schaffen. Er stellte auch als erster fest, daß diese Bewußtseinszustände eine ‚Gruppe' bilden, daß sie also ein ganzes Feld ausmachen, das von einfachsten Rudimenten bis zu den Menschen tief erschütternden Verzückungen reicht.

Die einfachste Erfahrung dieser Art ist zum Beispiel die uns alle gelegentlich überkommende Einsicht in tiefere Zusammenhänge des Lebens. Ein Bericht von Luther sei hierzu gegeben: „Als ein Mönchsbruder eines Tages die Worte des Credo wiederholte: ‚ich glaube an die Vergebung der Sünden', sah ich die Schrift in einem völlig neuen Lichte; und sofort fühlte ich mich wie neu geboren. Es war, als hätte ich die Tore des Paradieses weit aufgestoßen gefunden."[13] Hier wird die tiefere Bedeutung eines Satzes begriffen. Eine der höchsten Formen dieser Erlebnisse andererseits sind das im Yoga bekannte samâdhi oder die im Buddhismus als dhyâna bezeichneten Zustände tiefster Kontemplation.

James selbst charakterisiert das besondere Bewußtsein der Einheit, die Aufhebung der Gegensätze, die tröstliche Gewißheit, daß eben alle Zerrissenheit unseres Lebens nur scheinbar ist, so: „Ihr Grundton ist unveränderlich eine Versöhnung. Es ist, als wenn die Gegensätze der Welt, deren Widersprüchlichkeit und Konflikt all unsere Schwierigkeiten und Sorgen begründet, zu einer Einheit verschmelzen. Sie gehören nicht nur, wie kontrastierende Species (Arten), zu ein und demselben Genus (Gattung), sondern eine der Species, die vornehmere und bessere, ist selbst das Genus und absorbiert ihre Gegensätze, indem sie sie in sich aufsaugt."

All dies wird von Maslow auch berücksichtigt und bedacht, entscheidend für seine Botschaft ist nun aber, daß diese Erlebnisse der „alles aufsaugenden Einheit" *nicht nur* auf mystische Erlebnisse beschränkt sind. Er fühlt sich daher gezwungen, diesen Namen ganz aufzugeben und wählt stattdessen von nun an den Begriff ‚Gipfel-Erlebnisse'[14]. Er kennzeichnet in der Tat sehr gut die zwei wichtigsten Gaben, die uns in diesen Momenten geschenkt werden: die weite und grenzenaufhebende *Einsicht* in das Weltgetriebe und unser eigenes Leben und das *Gefühl* der Gehobenheit und bisweilen jubelnden Daseinsglücks. Erkenntnis und Gefühl sind hier beisammen und gleichzeitig in einer höheren seelischen Einheit aufgehoben. Eben weil aber diese Erlebnisse natürlich und nicht übernatürlich sind, können sie auch wissenschaftlich studiert werden. Sie liegen nach Maslows Überzeugung innerhalb der Reichweite des menschlichen Wissens und sind keine ewigen Mysterien. „Sie liegen in der Welt und nicht außerhalb der Welt", sagt er und fährt fort: „Sie gehören nicht nur zu Priestern, sondern zur gesamten Menschheit. Sie sind nicht länger mehr Fragen des Glaubens, sondern sind weit offen für die menschliche Wißbegierde und das menschliche Erkenntnisstreben."

Wissenschaftler müssen sich mit ihnen beschäftigen, aber als das, was sie sind. Bis dahin hatte man sie in die Religion verwiesen, als Visionen des Übernatürlichen, und Maslow selbst gibt zu, daß auch er früher darüber die Nase gerümpft habe; er habe das ganze für Unsinn gehalten oder als pathologische Anzeichen, Halluzinationen oder ähnliches ins Reich der Psychiatrie abgeschoben. „Aber die Menschen, die mir von diesen Erfahrungen berichteten oder schrieben, waren nicht solche (seelisch kranken) Menschen – sie waren die gesündesten Menschen! Das war eine Tatsache, die ich lernte. Und ich darf hinzufügen, daß es mich etwas über die Grenzen des kleinen (nicht des großen) Wissenschaftlers lehrte, der keine Information als Wissen oder Realität anerkennen will, die nicht in die schon etablierte Wissenschaft hineinpaßt."

Wie seine vielen Protokolle auswiesen, hatten die meisten Gipfel-Erlebnisse im übrigen gar nichts mit der Religion zu tun. Sie lagen außerhalb der im engeren und eigentlichen Sinne religiösen Erscheinungsformen. „Sie entstanden in den großen Augenblicken der Liebe und Sexualität, in großen ästhetischen Momenten (besonders bei Musik), in Ausbrüchen der Kreativität und schöpferischen Inspiration, in den großen Augenblikken der Einsicht und der Entdeckung, bei Frauen, die auf natürliche Weise Kinder zur Welt brachten oder einfach durch ihre Liebe zu ihnen, in Momenten der Vereinigung mit der Natur (im Wald, am Meeresufer, im Gebirge usw.), bei bestimmten sportlichen Aktivitäten wie Tauchen oder Tanzen usw."

Aus all dem zog er den Schluß, daß es sich bei den Gipfel-Erlebnissen um die allernatürlichsten Erfahrungen von der Welt handelt; jeder Mensch kann über sie aus eigener innerer Anschauung erzählen und es schien ihm daher nicht gerechtfertigt, sie auf den Bereich religiösen Erlebens zu beschränken. Offensichtlich sind sie so weit verbreitet, daß sie zur menschlichen Natur an sich selbst gehören; sie sind nicht Auszeichnungen bestimmter Menschen, sondern alle Menschen haben an diesem inneren Reichtum Anteil.

Diese Erkenntnis veränderte für Maslow die üblichen Grenzen zwischen Wissenschaft und Religion. „Man beachte auch die tiefere Bedeutung des natürlichen Gebrauchs der Wörter ‚Offenbarung', ‚Himmel', ‚Erlösung' usw. Die Geschichte der Wissenschaften ist gekennzeichnet durch das Heraustrennen eines Gegenstands nach dem anderen aus dem Rechtsbereich der Religion. Hier nun scheint dies wieder zu geschehen. Oder um dies alles anders zu formulieren: Gipfel-Erfahrungen können als wirklich religiöse Erfahrungen im besten und tiefsten, universellsten und menschlichsten Sinne des Wortes verstanden werden. Es mag sich dabei herausstellen, daß die wichtigste Konsequenz dieser Untersuchungsrichtung die Einbeziehung der Religion in die Wissenschaft ist." Maslow erlangte so die Überzeugung, daß diese Erlebnisse des Glücks und der großen Freude wegen ihres universellen Erscheinens von allen Religionsformen unabhängig zu sein scheinen.

Im April des Jahres 1970 nahm Maslow – nun 62 Jahre alt – noch einmal an einer öffentlichen Veranstaltung, einer Diskussionsrunde, teil. Es ging um die Frage, ob und inwieweit innerseelische Zustände willentlich beeinflußt werden können. Er war von einer schweren Krankheit gezeichnet, die nach einer Herzattacke zurückgeblieben war. Die Konfrontation mit dem Tod – er nannte seine Existenzform danach ‚post-mortem-Leben' – hatte ihn zu Einsichten über die letzten Dinge geführt. Er hatte den Prozeß des Sterbens durchgemacht und war nun in gewissem Sinne ein Wiedergeborener. Dank eines Tonbandmitschnitts der denkwürdigen Konferenz sind uns diese letzten Worte erhalten geblieben.

Er berichtet spontan und in prägnanten Bildern von Veränderungen, die er an sich im Verlaufe seines Alterns wahrgenommen habe. Heftige emotionale Erlebnisse habe er zwar nicht mehr; er vermutet, daß dies mit seinem körperlichen Verfall zusammenhängt. Das Nervensystem eines gealterten Leibes ist mit diesen plötzlichen Gefühlssteigerungen leicht überfordert und schützt sich dagegen durch die Abnahme der Gipfel-Erlebnisse.

Die Brüchigkeit des Leibes wird ihm deutlich bewußt. Wegen seiner mit dem Alter zunehmenden Schwäche ist er für emotionale Eruptionen und jäh aufsteigende Gefühlserregungen nicht mehr im selben Maße geeignet wie in der Zeit der Jugend. Wenn der alternde Körper den Überfluß des Lebens, den Rausch des Glücks dann in seinem Gefühl empfangen soll, ist er einem zu zartwandigen Gefäß vergleichbar, das beim Empfangen dieser Fülle zu bersten droht.

„Wenn man älter wird, lassen die Gipfel-Erlebnisse nach. Dies scheint nicht nur meine Erfahrung zu sein – es war eine traurig stimmende Erfahrung –, auch andere Menschen erfahren es. Ich glaube, dies dient zum Teil dem Selbstschutz; ich glaube, daß die Gipfel-Erlebnisse, die ich im Alter von zwanzig oder dreißig gehabt habe, mich umbringen würden, hätte ich sie jetzt. Wir sind einfach weniger widerstandsfähig als wir gewesen sind. Jedoch gibt es insofern eine Entschädigung, als die

Gipfel-Erlebnisse der jungen Leute nicht immer mit Erkenntnissen verbunden sind – das heißt, sie sind nicht immer kognitiv; sie sind nicht immer erleuchtend. Dies wird sehr klar aus dem gesamten Problem der Sexualität. Die Sexualität kann oft in der Form von Gipfel-Erlebnissen erfahren werden und wird es auch oft. Dies zu erleben bedeutet offensichtlich, daß man nicht immer auch eine Erleuchtung im Hinblick auf die Welt hat. Bisweilen ist es so, und die Menschen können von der Sexualität nicht nur lernen, daß sie schön ist, sondern auch daß die ganze verflixte Welt schön ist, daß das Leben schön ist usw. Mit dem Alter werden die Momente des Erkennens größer und größer, in dem Maße wie die emotionale Intensität nachläßt und erlöscht. Daher glaube ich – natürlich ist dies eine ganz persönliche Angelegenheit –, daß mein subjektives Leben jetzt glücklicher ist als es mit zwanzig oder dreißig Jahren gewesen ist, obwohl ich nicht all die Schauer und Erregungen erlebe, von denen mein Dasein erfüllt war – das erste Lesen eines guten Buches oder Musik oder Mädchen oder Kinder oder Blumen oder was auch immer –, das mich in einer angenehmen Weise aufwühlen konnte."

Er berichtet, daß er ehedem Strawinskys Feuervogel gehört habe und diese Musik ihn beinahe erschlagen habe. Jetzt hingegen sei der Eindruck, den diese Musik in seinem Gefühl hinterlasse, weit schwächer.

Dies ist eine alte Erfahrung des Menschen. Cicero hat sie in seinem ‚Cato maior: Über das Alter' unübertrefflich beschrieben. Die sinnliche Lust nimmt mit dem Alter ab, heißt es da; dies ist aber keineswegs zu bedauern, da damit auch zugleich alle Schwierigkeiten und Verwirrungen aufhören, uns zu plagen, die die Sinnlichkeit mit sich bringt. Tröstlich für uns, die wir die Mitte des Lebens bereits überschritten haben, ist Ciceros Perspektive für das Alter. Wir können nämlich darauf vertrauen, daß die Seele, „wenn sie bei allen Leidenschaften sozusagen ihren Dienst abgeleistet hat, nunmehr für sich ist und, wie man sagt, sich selbst lebt" und dies bedeutet, daß wir zur ungetrübten Erkenntnis des Lebens fähig werden.

Diese ehrwürdige Erfahrung aufnehmend versichert Maslow, daß wir dann keineswegs eine traurige Leere, ein bedauerndes Erinnern und ein mutloses Dahindämmern zu erwarten hätten. Er weist darauf hin, daß sich unser Seelenleben vielmehr umgestaltet; es macht sich an die Ernte der Früchte früherer Erfahrungen. Er vergleicht diesen Vorgang mit dem Ausfällen und Sedieren (sich absetzen) chemischer Stoffe. Alle Erleuchtungen, Einsichten und wichtigen Lebenserfahrungen bieten nun ihre Essenz dar, aber nicht nur gesondert und im einzelnen, sondern in der Form einer Vereinigung. Der Mensch entdeckt tieferdringend bei allem das gemeinsame Sinnband.

Dies ist die Entschädigung für das Nachlassen der Gipfel-Erlebnisse; das Leben wird nun bereichert durch Erkenntnisse, durch Erleuchtungen, die in früheren Zeiten vorbereitet wurden. Kein bloß flüchtiges Aufblitzen erhellt die Dinge nun, sondern ein verläßliches Licht gibt den Blick auf die wesentlichen Zusammenhänge das Lebens frei. Maslow nennt in Anlehnung an alte Lehren des Zen diese neu entstehende Lebensgestalt ‚Bewußtheit der Einheit'. „Ich kann diese Bewußtheit der Einheit für mich sehr einfach bestimmen als die gleichzeitige Wahrnehmung des Geheiligten und des Gewöhnlichen, oder des Wunderbaren und des Gewöhnlichen, das ziemlich gleichförmig und ohne besondere Mühe abläuft. Ich nehme nun unter dem Aspekt der Ewigkeit wahr und werde mythisch, poetisch und symbolisch angesichts gewöhnlicher Dinge. Dies ist die Zen-Erfahrung, wie Sie wissen. Da wird nichts erwartet, und es gibt nichts Besonderes, aber man lebt ständig in einer Welt von Wundern. Es ist paradox, weil es wunderbar ist und dennoch keinen autonomen Ausbruch verursacht."

Er vergleicht mit diesen neuen Alterserlebnissen die Gipfel-Erfahrungen und stellt fest, daß es gewisse Gemeinsamkeiten gibt, wie zum Beispiel die Begegnung mit dem Ehrfurchtgebietenden, dem Mysteriösen, dem Überraschenden und der ästhetischen Überwältigung. Allerdings sind sie von konstanterer Natur und nicht sich abrupt bis zu einem Höhe- und Wendepunkt steigernd.

Zwei verschiedene Modellvorstellungen bieten sich ihm an, um den Unterschied zu verdeutlichen. Der Prototyp der Gipfel-Erfahrung könnte der sexuelle Orgasmus sein mit seinem Erregungsanstieg bis zu einem Gipfel- und Höhepunkt und seinem Erregungsabfall bis zum Ende. Für diese sich ihm neu eröffnende Alterserfahrung aber, die er auch als „Verdichtung von tausenden von Lebenserfahrungen“ erlebt, wählt er das Sich-Befinden auf einem hohen Plateau. „Es bedeutet, ständig auf einer hohen Ebene zu leben im Sinne einer Erleuchtung oder eines Erwachens oder gemäß dem Zen, im Einfachen oder Wunderbaren, im ‚nichts Besonderes‘. Es bedeutet, eher beiläufig die Intensität, die Kostbarkeit und die Schönheit der Dinge aufzunehmen, aber kein großes Aufhebens davon zu machen, weil es jede Stunde geschieht, zu jeder Zeit.“

Der Hauptunterschied und zugleich das Hauptmerkmal des ‚Plateau-Erlebnisses‘ aber ist, daß es viel stärker durch unseren Willen zu bestimmen ist. Über diese Erlebnisse können wir verfügen, indem wir für uns glücksträchtige Situationen aufsuchen. Man kann sich in Gemälde von Rembrandt vertiefen, sich durch einen guten Roman in eine andere Welt führen lassen oder von einer Alm aus das Bergpanorama genießen. Jeder bewußt lebende Mensch hat auch eine intensive Lehre im Hinblick auf solche nur und besonders für ihn glücksverheißende Lebenslagen durchgemacht, was über den tragischen Szenen nicht selten in Vergessenheit gerät. Gemäß dem Thema der Konferenz betont Maslow gerade diesen Aspekt der Willens- und Planungsabhängigkeit der Plateau-Erlebnisse besonders stark. Seine optimistische Sicht im Hinblick auf die besänftigende und fördernde Wirkung der unverstellten Kommunikation auf die Menschen gipfelt in der Überzeugung: „Ich bin der Ansicht, man kann Plateau-Erfahrungen lehren; Sie können Seminare über das Wunderbare abhalten.“

Es erinnert an alte Praktiken der Kontemplation, der Versenkung, der aufmerksamen Hingabe an jedes Merkmal, jede Nuance eines Gegenstandes, einer Musik etc., wenn Maslow von sich selbst bekennt, er könne etwas Wunderbares eine Stunde lang anschauen und dabei jede Sekunde genießen. Man braucht eben nicht ständig die Turbulenz von Aufschwung und Absturz, von Gipfel und Tal auszuhalten wie bei den Gipfel-Erfahrungen; explosive emotionale Zustände bleiben uns hier fern. Vielmehr erfüllt uns eine gleichbleibende Heiterkeit. Überhaupt erinnert er uns daran, daß wir häufig bei der Emotionalität nur ihre erregende Heftigkeit berücksichtigen; es gilt aber die innere Stille und Heiterkeit darüber nicht zu vergessen.

Als ich auf meiner ersten Flugreise nach den USA zum ersten Mal über Stunden hinweg aus dem Kabinenfenster das grandiose Naturschauspiel des Sonnenaufgangs erlebte, wie sich aus dem Dunkel der Nacht das Licht als glitzerndes Grau entwikkelt, um dann allmählich die Strahlenpracht aller Farben über den Himmel auszuschütten, wähnte ich mich in solcher Situation und fühlte, wie mein Inneres von stiller Ehrfurcht gebannt war, um sich dann in einer vertrauensvollen Erlösung diesem unvergleichlichen Geschehen hinzugeben. Ich glaubte, an der Quelle der Wunder des Lebens zu sitzen und spürte keine Gefahr, daß mich irgendetwas von dort vertreiben könnte. Das Unabgelenkte, das Langanhaltende, die unablässige Hinwendung zu dieser Himmelserscheinung versetzte mich in einen Zustand totaler Erfülltheit, nichts hatte in mir Platz als nur dieses Spiel der Lichtfarben, und meine gehobene Stimmung erweckte in mir den Eindruck, als hätte ich nie im Leben auch die tiefe Trauer und Depression erleiden müssen; ich konnte mich nicht erinnern, je im Leben geweint zu haben; diese beseligenden Stunden entschädigten mich für alles Erlittene. Es war nichts Bestürzendes, Plötzliches und Berauschendes in diesem Erlebnis, vorherrschend war vielmehr eine Art stiller Seligkeit.

Man muß es als eine kühne Idee dieses unerschrockenen Mannes bezeichnen, wenn er sogar vorschlägt, die modernen psycho-physiologischen Meßmethoden zur Bestätigung, Entdeckung und zum Unterricht dieser seelischen Heiterkeit und friedlichen Stille einzusetzen – also eine Form des experimentellen Yoga zu praktizieren – und sie unsere Kinder zu lehren, um auf diese Weise die Lebenskunst der überlegenen Heiterkeit weiterzugeben. Mit Sicherheit spielt bei der Erreichung dieses ruhevollen Seelenzustandes die Selbstsuggestion, die absichtliche Selbstbeeinflussung eine nicht zu unterschätzende Rolle.

Obwohl ich die Zusammenhänge nicht bis ins einzelne durchdacht habe, vermute ich doch, daß Maslow hier eine alte Lebenstugend wiederentdeckt hat, die uns heute in dieser gehetzten und umgetriebenen Welt mit ihren vielen Widersprüchen mehr denn je nottut: die Seelenruhe. Vor mehr als 2000 Jahren empfahl sie der griechische Philosoph des Gartens, wie man ihn wegen seiner Vorliebe, im Freien das Denken zu üben, liebevoll genannt hat, Epikur, seinen Zeitgenossen – er war übrigens auch ein Menschenfreund – und versuchte, den Menschen die Wege zur reinsten Freude zu weisen. Er sah sie in der Schmerzfreiheit, aber auch und vor allem in der Ruhe der Seele. Wir erreichen sie durch ein wenig distanzierter Abgeklärtheit, die sich nicht von jeder Tagessensation fortreißen läßt, sondern dem menschlichen Leben auf den Grund zu kommen versucht. Besonders mahnte er aber die Menschen, die leeren Meinungen, die ständig über unser Dasein verbreitet werden, zu verjagen. „Ein freudevolles Leben schafft allein das klare Denken, das allem Verlangen und Meiden auf den Grund geht und die bloßen Meinungen verscheucht, aus denen die schlimmste Verwirrung der Seele entsteht."[15] Auf Grund einer solchen erworbenen Überlegenheit – sie kann zum Beispiel bereits dadurch erreicht werden, daß man den umlaufenden Meinungen über das Leben die unmittelbare Zustimmung verweigert und sich selbst auf die Suche macht – kann man den Zustand des heiteren Glücks, einer nicht zu trübenden gehobenen Stimmung erlangen, die der Philosoph und seine Schüler gern mit der nur wenig bewegten und glänzenden Meeresfläche bei Windstille zu vergleichen pflegten.

Wie den Lebensmaximen des Philosophen so wird man auch den Worten Maslows über die Plateau-Erlebnisse, die seelischen Zustände einer zugleich heiteren und überlegenen Seelenruhe, den hohen Wert eines wirklichen Lebenszeugnisses nicht verweigern können, besonders wenn man weiß, daß sie an der „letzten Türe" gesprochen wurden; denn der Psychologe ging nur wenige Wochen nach diesem Gespräch in die Ewigkeit, von deren irdischen Zeichen er besonders in seinen letzten Jahren so schwärmerisch zu künden verstand.

3.
Report der Seligkeiten

Ein Blatt aus meinem Tagebuch: Venedig! Endlich am langersehnten Ziel! Rasch das Auto in die Großgarage an der Piazzale Roma einstellen und am Bahnhof in ein Vaporetto, ein Linienschiff. Die eintönige Strecke von Verona her fühlte ich mich aufgeregt; jetzt hat mich die Erregung beinahe erschöpft. Das Schiff biegt in den Canal Grande ein. Freunde hatten uns gewarnt: Es sei eben eine versinkende Stadt, Dreck und Ratten. Aber alles, was mir berichtet worden war, vergesse ich auf der Stelle. Daher die Eindrücke völlig frisch, die Farben matt beruhigend. Wir gleiten an der Parade der Palazzi vorbei, die vielen Bögen in unendlicher Variation. Die Fronten aufgebrochen, man schaut in die Balkone. Die Sonne strahlt von einem wolkenlosen Himmel auf die Wasseroberfläche; es funkelt, die Lichtflecken spielen und versammeln sich zu einem silbrigen Glanz.

Ich fühle, daß Grenzen in mir verschwinden. Erinnerungen werden wach: an ein Bild von Canaletto, auf dem dieses Wunderschiff des Dogen, der Bucintoro, sich den Anlegebrücken nähert. Man feiert dies als riesiges Fest, überall sattes Gold, die blutrote Fahne am Mast, die reich bestickten Gewänder der Gondoliere, Masken, Schleifen, Sonnenschirme. Daß ich diese Schönheit genießen darf, ein tiefes Gefühl der Dankbarkeit überkommt mich; meine Gedanken verlieren sich. Neben mir erklärt jemand den Palazzo Loredan-Vendramin Calergi. Dort also ist er auf und ab gewandert, dort hatte man ihn aufgebahrt: Wagner.

Aber mich ergreift sein Tod nicht, ein nie gekanntes Gefühl von reinem Glück durchströmt mich, als sei ich stets gewandert und nun angekommen. Unmittelbar die Gewißheit, daß dies alles mein ganzes Leben beeinflußt. Wir gleiten unter dem Ponte di Rialto hindurch, die Ladenfenster an den Seiten. Alles, was ich je über dieses Traumbild meiner Wünsche gelesen und erfahren habe, wird lebendig. Ich glaube, eine Verwandlung durchzumachen; meine ganze Seele lebt in den Sinnen, Auge und Ohr. Aber die Ereignisse der vergangenen Zeiten mischen sich drein. Vor dem letzten Bogen des Canal links die Palazzi Mocenigo. Ich sehe die seltsame Tiermenagerie des Lord Byron; in den Gängen dort toben seine Hunde, Affen und Pfauen herum. Unter der Holzkonstruktion des Ponte dell'Accademia hindurch; man bückt sich gleichsam innerlich, um zu verehren, der großen und überwältigenden Pracht zu huldigen. Die Mosaiken des Palazzo Barbarigo glitzern in der Sonne; die Bekrönungen der Anlegepfähle, ihre Flammenmalereien. Und nun ist der Blick frei auf das große Wasser, auf die Lagune. Die Gondeln vor dem Dogenpalast tanzen und wippen auf und ab. Der Campanile: Wegweiser in den Himmel!

Alles, was mich je beschwerte, was mich quälte, was mich an der Welt verzweifeln ließ, ist mit einemmal wie weggezaubert; ich meine, alle Segnungen vor meinen eigenen Augen zu haben. Geistiges und Sinnenfrohes bilden eine neue vereinigende Erfahrung. Mir wird klar, dies kann eine Harmonie bilden, die zu einer Überhöhung führt, einer neuen Dimension. Mir kommt ein Gedanke des Schriftstellers Italo Calvino in den Sinn, daß nichts so sehr den Begriff einer neuen Dimension schenke wie die Häuser in Venedig, wo sich die Tür zum Wasser hin öffnet; das bewirkt, daß diese Tür eben nicht nur mit einem besonderen Wasserweg verbindet, sondern mit allen Wasserwegen, mit der ganzen flüssigen Fläche, die unseren Planeten umschließt. Ein fast schmerzlicher Schwindel steigt in mir auf; alle Horizonte öffnen sich – nirgendwo eine Grenze.

Die Auskunft meines Tagebuchs ist für mich heute noch ebenso gültig, aber sie erscheint mir nicht erschöpfend. Inzwischen besuchte ich diese einzigartige Stadt, in der wie wohl nirgendwo auf der Welt Kunst und Natur so innig miteinander verbunden sind, eins aus dem anderen gleichsam herauswächst, ein zweites Mal. Jetzt wählte ich den Zugang vom Meer her, vom Lido aus, und sie enttäuschte mich auch bei dieser Wiederkehr nicht. Auch jetzt aber blieb ein Wissen um schwer Sagbares zurück. Die Stadt entläßt uns verändert – das eine Mysterium, und wir können nicht angeben, wie und wodurch dies geschah – dies das zweite Geheimnis.

Maslow hat es dennoch unternommen, solche Gipfel-Erlebnisse – kühl sich besinnend – zu beschreiben. Lassen wir uns aufklären, indem wir den Linien seiner Skizze folgen.

„Die emotionale Reaktion beim Gipfel-Erlebnis“, erfahren wir da, „hat ein besonderes Aroma des Wunders, der Scheu, der Ehrfurcht, der Bescheidenheit und der Auslieferung an die Erfahrung als an etwas Großes.“ Ich hatte in der Tat den Eindruck, die Überraschung dieser Stadt nicht fassen zu können. Als ich vom Dom aus den Blick über den Marcusplatz schweifen ließ und dann zu den Arkaden des Dogenpalastes schlenderte, fühlte ich mich in den Tiefen erschüttert von der Großartigkeit dieses Glanzes, den immer noch grandiosen Resten der Machtentfaltung dieses einstigen Weltreiches, den Schätzen der Kunst, die diese Stadt dem Besucher freigebig und vorbehaltlos darreicht und meine Existenz erschien mir klein und unwichtig. Ich verlor allen Hochmut, alle Selbstversessenheit und suchte nach seelischen Räumen in mir, diese Fülle aufzunehmen. Viele Venedig-Reisende bezeugen diese plötzliche Wiederentdeckung des längst verschütteten, spezifisch Menschlichen in sich, des *ehrfürchtigen Staunens* über die Größe und Schönheit der vor dem Beschenkten ausgebreiteten Offenbarung, die Relativierung des eigenen Ich und den Wunsch, sich dem anbetend und verehrend hinzugeben.

Dieser Einbruch des Wunderbaren erschreckt uns jedoch nicht mit dem Erlebnis des Erschlagenseins, der Bedrängung und der Vergewaltigung; vielmehr erfahren wir eine wohltuende Befreiung von selbstgesetzten Schranken in der Weise, daß wir nun in uns alles bisher Abgelehnte, Verdrängte, Verpönte und Abgeschobene ohne Schwierigkeiten zulassen können. Wir verlieren die Angst vor uns selbst. Ein wesentlicher Aspekt des Gipfel-Erlebnisses ist daher „ein vollständiger, wenn auch nur augenblicklicher Verlust von Angst, Furchtsamkeit, Hemmung, Abwehr und Kontrolle, eine Preisgabe des Verzichts, des Zögerns und der Zurückhaltung. Die Angst vor Desintegration und Auflösung, die Angst vor der Überwältigung durch die ‚Instinkte', die Angst vor dem Tod und dem Wahnsinn, die Angst vor der Hingabe an ungezügelte Lust und Emotion – das alles beginnt zu verschwinden oder gerät für die Dauer des Gipfel-Erlebnisses in Schwebe". *Wir können in diesem Moment ganz so sein, wie wir sind, wie wir insgeheim immer sein möchten; wir fühlen nichts Befremdliches mehr in uns selbst.* Es ist, wie wenn wir üblicherweise mit einer uns stets begleitenden Angst leben, der Angst vor unserem eigenen Inneren nämlich, vor dem Abgründigen in uns, vor dem Bösen, dem Zerstörerischen und Selbstzerstörerischen, vor dem, dessen wir uns schämen, dessen wir nicht sicher sind, vor dem Fremden in uns. Während des Gipfel-Erlebnisses bemerken wir nun, daß eben diese Angst selbst es war, die das, wovor wir uns immer fürchteten, uns so beklemmend erscheinen ließ. Im Moment des Gipfel-Erlebnisses verschwindet sie, und wir leben für einen Augenblick zumindest in einem beruhigenden und versöhnlichen Frieden mit uns selbst. Natürlich findet keine vollständige Veränderung der Person statt, aber – wie Maslow es treffend ausdrückt – alles gerät in Schwebe. Wie weit man mit sich selbst auf gutem Fuße steht, ist individuell sehr unterschiedlich. Es gibt Menschen – es sind zumeist sehr kreative Persönlichkeiten –, die sehr durchlässig (‚permeabel') sind; sie erleben solche Erfahrungen eines relativ angstfreien Verkehrs mit ihrem eigenen Unbewußten häufig.

Nicht nur bei der erwähnten Begegnung mit einer Stadt, sondern auch bei vielen anderen Gelegenheiten großer Freude und Erfüllung erfuhr ich, daß es Situationen gibt, *die ihren Wert in sich selbst tragen,* die also nicht wiederum für etwas anderes von

Bedeutung sind. „Das Gipfel-Erlebnis wird als ein sich selbst bestätigender, sich selbst rechtfertigender Augenblick empfunden, der seinen eigenen inneren Wert in sich birgt." Er kann niemals zu einem bloßen Mittel zu etwas anderem herabsinken. Wäre dem so, dann würde sein Wert für uns herabgemindert; er würde entweiht. „Er wird als eine so wertvolle Erfahrung, eine so große Offenbarung empfunden, daß auch nur der Versuch, ihn zu rechtfertigen, seine Würde und seinen Wert schmälern könnte", sagt Maslow und denkt dabei an Augenblicke tiefer Einsicht, in denen vor der lange verdunkelten Wahrheit die Schleier zurückgezogen wurden, großer mystischer Öffnung, die überraschende Blicke in Lebensprozesse ermöglichte, an Erlebnisse unerwarteter Liebe und Treue, an das nicht mehr für möglich gehaltene Zuströmen schöpferischer Schaffenskraft, an das Geschenk der Glaubensüberzeugung und ähnliches.

Erlebnisse dieser umwälzenden Art heben sich für uns wie Lichtpunkte auf einer dunklen Straße heraus. Aber auch wenn sie uns nur selten widerfahren, ja selbst wenn ein solches Erlebnis uns nur ein einziges Mal im Leben zustößt – eine nur ein einziges Mal erreichte Höhe des Werts, der Schönheit, des Vorbilds und der Wesentlichkeit –, kann es das ganze Leben so stark durchdringen und überstrahlen, daß es eine nie mehr ernstlich bezweifelte Bedeutung bekommt. Wenn wir nur einmal in den Himmel geschaut haben, können wir dem Leben nie mehr ganz gram sein.

Hiermit hängt eng zusammen, *daß diese Erlebnisse uns eher absolut als relativ erscheinen.* „Sie sind nicht nur vom Hintergrund gelöst und mehr in sich selbst wahrgenommen, nicht nur relativ unmotiviert und von den menschlichen Interessen losgelöst, sondern man nimmt sie wahr und reagiert auf sie, als wären sie an sich, ‚dort draußen', als wären sie Wahrnehmungen einer Wirklichkeit, die unabhängig vom Menschen ist und über sein Leben hinaus andauert." Selbstverständlich hat die Lagunenstadt, die mir unvergeßlich wurde, eine geschichtliche Tradition mit all ihren Gebundenheiten und Zusammenhängen. Ihr Aussehen ist von vielen geopolitischen und kulturellen Tatsachen abhängig. Und ich selbst bin durch viele Normen und vergangene Erfahrungen in meinem künstlerischen Empfinden geprägt. Dennoch habe ich mit klarer und überzeugender Gewißheit etwas geschaut, das von all diesen Bedingtheiten befreit war. Ich wußte um sie, ich bin in diese Begegnung nicht hineingestolpert, ich hatte mich gründlich und lange vorbereitet. Als mein Blick sich aber am Ausgang des Canal Grande an den herrlichen weißen Kuppeln der Kirche Santa Maria della Salute vorbei im flimmernden Blau des landumschlossenen Meeres verlor, hatte dieses angesammelte Wissen seine Macht eingebüßt. Die Stadt erschien mir frisch, neu und ursprünglich, wie wenn sie eben gerade aus dem Wasser aufgetaucht wäre. Ein Hauch der Vollkommenheit hatte mich gestreift, die Idee der Schönheit, die unzerstörbar in mir bleiben wird bis an mein Ende.

Dieser Aspekt des Erlebnisses macht aber eine Wandlung der Einstellung zur Welt möglich, die Maslow – für manchen vielleicht ein wenig übertrieben – als gottähnlich bezeichnet hat. Der Mensch auf dem Gipfel seiner Erfahrungen ist nämlich insofern gottähnlich, weil er ganz erfüllt ist von „der vollständigen, liebenden, nicht verdammenden, mitempfindenden und vielleicht erfreuten Akzeptierung der Welt und des Menschen, so schlimm er in normaleren Augenblicken auch aussehen mag." Natürlich ist jedes Gipfel-Erlebnis ein einzelner Höhepunkt, der nur kurz berührt wird; es ist eine kurzfristige Leistung. Sie zeigt uns aber, daß es für uns mindestens zwei Formen der emotionalen Wahrnehmung gibt. Meistens ist unsere Wahrnehmung mangelhaft und unzureichend; dann stellen wir Vergleiche an, suchen Zusammenhänge, wägen ab, bewerten, urteilen und verurteilen, gebrauchen als Mittel zum Zweck usw. Daraus folgt aber, „daß es uns möglich ist, ein anderes menschliches Wesen abwechselnd auf zwei verschiedene Arten wahrzunehmen, manchmal in seinem Sein, als wäre es das ganze Universum für eben diesen Augenblick. Doch weit öfter nehmen wir es als Teil des Universums wahr und stellen zum Rest sehr komplexe Beziehungen her. Wenn wir den Menschen in seinem Sein wahrnehmen, *dann* können wir in einem allumfassenden Sinne lieben, vergeben, akzeptieren, bewundern, verstehen und uns am Sein erfreuen. Dies sind aber genau die

Eigenschaften, die den meisten Konzeptionen Gottes eigen sind.“

Was hier vom Menschen ausgesagt wird, gilt gleichermaßen auch für alles Geschöpfliche. Es in seinem Sein wahrnehmen heißt, es in seinem Wesen erfassen, in seinen einzigartigen Eigentümlichkeiten; was aber so in allen seinen Nuancen verständlich, einsichtig und durchschaubar wird, kann liebend akzeptiert werden.

Mit neuen Augen sehen

Das Gipfel-Erlebnis verändert aber nicht nur unsere Gefühle; es schenkt uns auch eine neue Art zu sehen, zu erkennen. Wenn wir gewöhnlicherweise ein Ding der Welt anschauen, fassen wir es als Teil auf. Ich nehme ein Blatt des Baumes wahr. Kaum, daß mein Blick auf ihm geruht hat, wandert er weiter. Das Blatt wird zum Teil des Gezweigs. Meine Augen schweifen weiter. Ich fasse das Gezweig als Teil des Baumes auf usw.

Immer wieder verweist mich ein Teil auf einen anderen. Es ist, wie wenn jeder besondere Teil meinen Blick nach kurzer Zeit auslädt und sagt: „Die Wunder gibt es nebenan.“ Im Gipfel-Erlebnis aber „neigt die Erfahrung oder das Objekt dazu, als ein Ganzes, als eine vollständige Einheit gesehen zu werden, losgelöst von den Beziehungen, von der möglichen Nützlichkeit, Zweckmäßigkeit und Angemessenheit. Sie wird wahrgenommen, als wäre sie alles, was es im Universum gibt, als wäre sie das ganze Sein, gleichbedeutend mit dem Universum.“ Daher gibt es für dieses Sehen keine Teile, sondern nur ein Ganzes, das das ganze Sein repräsentiert.

Im magischen Augenblick der Liebesergriffenheit betrachtet man die Geliebte nicht nur als Mensch unter Menschen oder gar als ein Exemplar der Gattung Mensch, als unselbständiger Teil des Ganzen, sondern als ein Wesen, das die Frau schlechthin darstellt. Alle Weiblichkeit ist in diesem einen und einzigen Menschen versammelt.

Um diese Einheit in ihrer Schönheit wahrnehmen zu können,

ist ein besonderes Sehen notwendig, das man durch Übung erlernen kann. Bisweilen fällt diese ‚Kunst des Sehens' auch ohne Anstrengung zu; aber das ist selten. Bei diesem Sehen nehme ich Venedig nicht als Stadt unter Städten wahr; ich vergleiche sie nicht mit Florenz, Rom oder Neapel. Maslow hat diese normale, alltägliche und übliche Wahrnehmung ‚rubrizierend' (= einordnen) genannt. Da tragen wir eine Ordnungsvorstellung in uns, in die wir das Wahrgenommene hineinpassen und sind es zufrieden, wenn der Gegenstand sich in diese Ordnung fügt. So sehen wir nur, was wir bereits wissen.

Demgegenüber kann ich die Stadt an sich selbst betrachten; sie ist für mich dann die einzige ihrer Art. Ja sogar der Gedanke an irgendeine Art oder Kategorie, deren Teil sie ist, verliert sich völlig. Um es scheinbar paradox auszudrücken: *Sie wird durch sich selbst wahrgenommen.* Sie gibt sich im Vorgang des Sehens immer mehr, öffnet sich stets mehr für uns. Diese ‚Erkundung des Einzigartigen' verlangt allerdings eine besondere Form der Zuwendung. „Man muß dem wahrgenommenen Gegenstand ausschließlich und voll seine Aufmerksamkeit widmen. Was ich hier zu beschreiben versuche, ist der Faszination oder vollständigen Versunkenheit verwandt. Bei einer solchen Aufmerksamkeit wird die Figur *ganz* zur Figur, der Hintergrund verschwindet im Endeffekt oder wird zumindest nicht als bedeutungsvoll wahrgenommen. Es ist, als wäre die Figur für die Zeit der Dauer von allem anderen isoliert, als wäre die Welt vergessen und das Wahrgenommene für den Augenblick zum Ganzen des Seins geworden." Bei dieser konzentrierten (= auf ein Zentrum gerichteten) Aufmerksamkeit sind wir nicht abgelenkt und müssen uns nicht einmal zwingen; denn was wir da sehen, entfaltet für uns eine verlockende Kraft, die uns immer mehr in seinen Bann zieht. Wir vergessen die Welt, um sie in diesem Einen ganz wiederzuentdecken.

Dabei gilt es zu beherzigen, *daß nur wer liebt wirklich erkennt.* Es ist zum Beispiel gegenwärtig zur Gewohnheit geworden, Biographien kritisch zu schreiben. Man kann solch distanzierte und scheinbar sachliche Lebensbeschreibungen ohne Verlust beiseitelegen; in ihnen erfährt man viel über die Vorurteile des Autors, Erkenntnisse über das abgehandelte Leben bieten sie jedoch nicht. Maslow und sein Arbeitskreis haben eine liebende, sich sorgende von einer kalten Erkenntnis unterschieden[16]. Das liebende Sehen wendet sich immer wieder seinem Gegenstand zu, um neue Seiten zu entdecken, um schließlich alle Seiten an ihm zu bemerken. Es kann von ihm nicht lassen, wie wenn man einen Edelstein hin und her wendet, um das immer neue Glänzen seiner Farbnuancen zu erkennen und zu genießen. „Wir können von dieser Art des versunkenen, faszinierten, vollkommen aufmerksamen Erkennens Detailreichtum und vielseitige Bewußtheit des Objekts erwarten. Das steht im Gegensatz zu dem Ergebnis der beiläufigen Beobachtung, die nur das kahle Gerüst der Erfahrung liefert, ein Objekt, das man nur in einigen seiner Aspekte auswählend wahrnimmt und von einem Standpunkt der ‚Wichtigkeit' und ‚Unwichtigkeit' aus sieht." Für den Liebenden gibt es jedoch nichts Unwichtiges.

Solche liebende Erkenntnis verändert uns. Einmal werden wir fähig, alles so zu sehen, als wäre es von uns als einzelnem Menschen und vom Menschen überhaupt unabhängig. Wir vergessen unsere vielfältigen Absichten, Zwecke und Interessen; *wir wollen nicht mehr einwirken,* weil wir das uns Begegnende so, wie es ist, als wertvoll empfinden. Es ängstigt und bedroht uns auch nicht und ruft in uns daher auch keine Antriebe der Abwehr und des Selbstschutzes hervor. „Wir können dann bereitwilliger die Natur betrachten, als wäre sie in sich selbst und für sich selbst da, und als wäre sie nicht nur einfach ein menschlicher Spielplatz, für menschliche Zwecke errichtet. Wir können leichter davon Abstand nehmen, menschliche Zwecke in sie zu projizieren."

Ein schönes Beispiel solcher Welt- und Naturbetrachtung findet sich in der Antwort, die der Häuptling der Duwamish-Indianer, Seattle, „dem großen Häuptling der Weißen", dem damaligen Präsidenten der Vereinigten Staaten, Franklin Pierce, im Jahre 1855 gegeben hat. Der Präsident hatte dem Stamm das Angebot gemacht, sein Land weißen Siedlern zu verkaufen und selbst in ein für ihn einzurichtendes Reservat zu ziehen. Die Indianer konnten diesen Vorschlag nicht begreifen; denn ihrer Meinung nach kann der Mensch die Erde gar nicht besitzen.

„Wenn wir die Frische der Luft und das Glitzern des Wassers nicht besitzen", sagte Chief Seattle, „wie könnt ihr sie von uns kaufen? ... Jeder Teil dieser Erde ist meinem Volk heilig, jede glitzernde Tannennadel, jeder sandige Strand, jeder Nebel in den dunklen Wäldern, jede Lichtung, jedes summende Insekt ist heilig, in den Gedanken und Erfahrungen meines Volkes. Der Saft, der in den Bäumen steigt, trägt die Erinnerung des roten Mannes."[17]

In den Augen der Duwamish war die Natur ein Teil ihrer selbst; sie bezeichneten sie als „des roten Mannes Mutter". Gleichzeitig aber war sie für sie etwas in sich selbst, etwas das seinen Sinn und Zweck in sich selbst birgt und das man daher nicht veräußern kann.

Zum anderen ist es eine allgemeine Erfahrung, daß man dann, wenn man das wesentliche Sein der Welt erkennt, gleichzeitig *seinem eigenen Sein näherkommt.* Man fühlt sich besser, vollkommener, integrierter, gesünder. Maslow beschreibt diese Erfahrung als einen wechselseitig wirkenden Vorgang. Denn wenn man dem eigenen besseren und höheren Zustand seiner Selbst nahekommt, scheint auch die Welt wertvoller und vollkommener zu sein. „Die Welt und der Mensch selbst werden einander ähnlicher, wenn sie sich beide auf die Vollkommenheit hinbewegen." Nietzsche hat von sich bekannt, er werde ein besserer Mensch, wenn er Musik von Bizet höre. „Hat man bemerkt", sagt er in der Schrift ‚Der Fall Wagner', „daß die Musik den Geist *frei macht?* dem Gedanken Flügel gibt? daß man um so mehr Philosoph wird, je mehr man Musiker wird? – Der graue Himmel der Abstraktion wie von Blitzen durchzuckt; das Licht stark genug für alles Filigran der Dinge; die großen Probleme nahe zum Greifen; die Welt wie von einem Berge aus überblickt."[18]

Freilich ist auch das andere wahr, daß uns unsere Welt im Zustande der Verstimmung und Depression düster und hoffnungslos erscheint und dies umso mehr, je näher wir dem Tiefpunkt der Verzweiflung in uns kommen.

Dennoch ist es ein großer Trost, daß diese wechselseitige Erhebung und Bereicherung innerer und äußerer Zustände schon durch den geringsten Anlaß beginnen kann und dann in der Art eines Schneeballs in kürzester Zeit zu größter Fülle sich zu steigern vermag. Ein Fünklein Freude glimmt in mir und wirft ein Licht auf die Welt, und die sich zeigende Schönheit verwandelt das Fünklein in ein Feuer.

Man kann annehmen, daß hierbei die Welt so erlebt wird, wie Liebende einander erleben: Sie bemerken beim anderen eine schöne Eigenschaft, und die Bewunderung eben dieser Eigenschaft bringt sie ihrer eigenen Vollkommenheit näher, diese wiederum macht sie fähig, weitere positive Seiten des anderen wahrzunehmen usw. Auf diese Weise verschmelzen die Partner miteinander und fühlen sich nun als Teile einer größeren Einheit, eines umfassenderen Ganzen, und durch diesen merkwürdigen Vorgang arbeitet sich schließlich eine neue Gestalt menschlichen Seins heraus, „die Einswerdung mit der Welt in der kosmischen Erfahrung“.

4.

Viele Wege führen auf den Gipfel

Im Brennen eines Weihrauchstäbchens brennt die ganze Welt. In Joshus Teeschale tanzen die Seejungfrauen.

D. T. Suzuki

Als ich sechs Jahre alt war, hatte ich in der Försterei, in der ich aufwuchs, einen Lieblingsplatz. Es war ein Querbalken, der das Ziegeldach trug. Wenn ich auf ihm saß, kam ich mir vor wie zwischen Himmel und Erde. Ich öffnete das eiserne Fenster, indem ich es ganz hintenüber auf das Dach legte. Nun war der Blick frei in die Felder hinein, auf denen der sattgelbe Raps blühte und wogte. Der Wind modellierte ihre Oberfläche, Farbwellen liefen drüberhin. Dort hinten sah ich das weißgekalkte Haus des Nachbarbauern, der mich Trecker fahren und reiten ließ und zur Linken die auf- und niederschwankenden wuchtigen Äste des Buchenwaldes.

Dies war mein Gipfel, einer von vielen in meiner Kindheit.

Ich hatte mir von meiner Mutter zu essen mit hinaufgeben lassen; ‚Verpflegung' nannte ich es – das bedeutungsschwere Wort hatte ich von meinem aus Rußland auf Urlaub heimkehrenden Bruder gehört – und beobachtete wie ein Kapitän auf der Brücke mit dem Fernglas meines Vaters die welligen Ebenen, den Flug der Vögel und die selten hier erscheinenden fremden Menschen aus der Stadt. Und wenn Sturm aufkam, und ich ganz in Phantasien von Schiffbruch und glücklicher Rettung aus Seenot versunken war, durchfuhr mich eine innere Wärme. Ich spürte ein Rieseln auf der Haut den Körper hinauf. Seligkeit und Wonne erfüllten mich ganz; denn ich fühlte mich im Zentrum der Welt. Niemand, das war für mich sicher, sah sie so wie ich, ja konnte sie überhaupt so sehen, so unter sich ausgebreitet, weit und bis zum Horizont.

Oder später: Nach vielen Mühen hatten wir, mein Jugendfreund und ich, nach einer nicht enden wollenden Zugreise durch Tage und Nächte die schwedisch-norwegische Grenze hoch oben in Lappland erreicht. Wir hatten den nördlichen Polarkreis überquert, die reißenden Wasser des Torneälv gesehen und fuhren nun am Hang des Fjordes unserem langersehnten Ziel entgegen. Tags drauf lag es vor uns, unter uns: die Stadt Narvik. Von einem Bergrücken aus, den wir als Beobachtungsposition gewählt hatten, schauten wir auf das tiefe Blau des Fjords, der zwischen hohen Bergstürzen hindurch dem Meer entgegenzog, auf die bunt angemalten Häuser der Stadt, den schwarzen Strang der Erzbahn. Und wendeten wir uns um, so kam die Bergszene uns vor, als hätten Giganten sich mit mächtigen Felsbrocken beworfen und sie dann ordnungslos, wie sie eben fielen, liegengelassen.

In der totalen Stille hier oben überkam mich ein Zustand vollständigen inneren Friedens; die Zeit schien in einem Strahle der Ewigkeit still zu stehen. Ich glaubte, keine Vergangenheit und keine Zukunft mehr zu haben. Nur dieser auserwählte Moment, in dem ich in das Bild der pastellfarbenen Dächer dort unten versunken dasaß, existierte.

Und vor kurzem erst der vielgerühmte Blick über Florenz von der Brüstung der Piazzale Michelangelo aus; der Arno, der direkt an diesem Hügel vorbeizieht, blinkt herauf; die Brücken und weiter die dicht gedrängten ziegelroten Häusermassen, in deren Mitte sich die Domkuppel erhebt und dort drüben, in der weiten Ferne die zypressenbestandenen dunkelgrünen Berge, in deren eine Senke sich der Ort Fiesole einschmiegt. Der Sonnenuntergang taucht die Stadt in ein zartes Rosa. Alle Konturen verschwimmen, sogar der orangerote Sonnenball hat weiche Ränder und wirkt zerfließend. Mir war, als schwänden die harten und festen Grenzen meiner Person, als verlören sich die Unterschiede der Dinge. In diesem Augenblick des Glücks schmolzen Häuser, Bauwerke, Kirchen, Berge und der Fluß zu einer meine ganze Welt ausfüllenden Harmonie zusammen. Ich fühlte mich nicht mehr als Zuschauer, sondern war dazugehörig, auch einbezogen in diese Schönheit, liebend umfangen und wie in einer schützenden und bergenden Heimat.

Wie diese drei Beispiele zeigen, scheint die Herausgehobenheit das Erlebnis, auch auf der Höhe des eigenen Daseins – auf dem peak also – zu sein, leicht herbeizuführen. Dies scheint eine Ursituation zu sein, die uns bevorzugt eine neue Freiheit, eine frische Übersicht über unsere Welt und das Gefühl der Enthebung vom Zwang unserer täglichen Probleme ermöglicht. Man weiß ja, daß Berge eine lange Tradition als Orte mystischer Erlebnisse, der Bekehrung und persönlichen Wandlung sowie der großen Freude und Offenbarung haben. Zugleich lassen die erwähnten Erfahrungen aber auch erahnen, daß es viele Situationen und sehr unterschiedliche Anlässe zu Gipfel-Erlebnissen gibt. „Gipfel-Erlebnisse entstammen *unendlich vielen* Quellen und widerfahren allen möglichen Menschen," sagt Maslow hierzu: „Meine Liste von Quellen wird länger und länger, je mehr ich mit den Erkundungen fortschreite. Manchmal bin ich versucht zu glauben, daß fast jede Situation, in der Vollendung erlangt, Hoffnung erfüllt oder vollkommene Befriedigung erreicht werden kann oder in der alles glatt gegangen ist, bei manchen Menschen bisweilen Gipfel-Erlebnisse hervorrufen kann. Dies können sehr anspruchslose Bereiche des Lebens oder der Arbeitswelt sein; oder die Situation kann sich vorher tausendmal wiederholt haben, ohne ein Gipfel-Erlebnis hervorzubringen."

Auch die Sammlung meiner Erfahrungen hierzu vergrößert sich ständig, und nach all meinen Explorationen in dieses Reich der Seligkeiten bin ich inzwischen davon überzeugt, daß sich stets neue finden lassen werden. Insgeheim ist bei mir die Überzeugung gewachsen, daß sie unzählbar sind.

Die Ekstase – befragt

Die Schriftstellerin Marganitha Laski hat versucht, nähere Auskünfte über das Geheimnis großer Freude und Ekstase zu erhalten; sie wollte ihm mit den Mitteln empirischer Arbeit und Sammlung auf die Spur kommen. Sie verschickte an viele Menschen einen Fragebogen, in dem unter anderem die Frage zu beantworten war: Wodurch wurde dieses Erlebnis bei Ihnen hervorgerufen?

Die Beschreibungen, die sie im Laufe mehrerer Jahre erhielt, sind staunenerregend; ich habe mir bis dahin nicht vorstellen können, wie vielfältig die ‚Auslöser' solcher Erlebnisse sein können. Einige Beispiele habe ich herausgesucht und gebe sie hier wieder[19].

„Die Luft – im Wind wandern – ein stürmischer Tag am Meer – eine Berghöhe – Wasser, See, Flüsse – im März, die schwarzen Bäume, bevor die Blätter herauskommen" / „Ich erinnere mich besonders ans Skifahren auf dem Gipfel eines Berges, und es begann zu schneien – es war immer draußen, mit der Natur verbunden"

„An einem Fluß im Sommer – plötzlich war ich fähig, etwas in bleibender Form auszudrücken – die Gloucester Kathedrale – in Italien, als ich das erste Mal mit der italienischen primitiven Malerei in Berührung kam – Musik, Bach und Mozart – ‚Krieg und Frieden', die ‚Brüder Karamasow', Shakespeare"

„Unerwartet hörte ich zum ersten Mal, wie Mozarts ‚Halleluja' gesungen wurde" / „Ich beobachtete den Abendgottesdienst in einer fremden Kirche, nach einem sehr guten Essen mit einem sehr guten Freund – eine Nadelspitze von Licht inmitten des Dunkels, grüne Meßgewänder und geistliche Gesänge"

„Liebe in ihrem vollsten Sinne, spirituell und körperlich" / „Liebe – körperliche Leidenschaft –wirkliche religiöse Erfahrung – die holländischen primitiven Malereien in der Nationalgalerie – alle Brandenburgischen Konzerte, besonders das sechste – Venedig"

„Nicht nur eine einzelne Sache, ein Komplex von Umständen – eine Serie von Versuchen in einer biologischen Unterwasserstation, im Laboratorium das Meer überblickend, vollständige Isolation" / „Direkt die unermeßliche Größe des Universums schauen" / „Die Verwirklichung tiefer Wahrheit oder intensiver Schönheit, wie in der griechischen Tragödie"

„Nachdem mein Sohn geboren wurde, Vollendung, das war zehn Minuten vor halb" / „Der erste Anblick meines ersten Kindes"

„Auf einem Truppentransporter im Hafen von Neapel, und der Vesuv war in ein rot glühendes Licht getaucht und in nur zwölf Stunden würde man zum ersten Mal in einem Gefecht sein"

„Als ich Stalin und Churchill im Bolschoi-Theater in Moskau die Hand schütteln sah".

Betrachtet man die angegebenen Quellen genauer, so stellt man fest, daß sie aus sehr vielen verschiedenen Bereichen des Lebens stammen; Gipfel-Erlebnisse werden hervorgerufen durch die Natur in all ihren Erscheinungen, durch kreative und genießende Beschäftigung mit der Kunst, durch religiöse Erfahrungen, durch Sexualität und Liebe, durch die Arbeit an wissenschaftlichen und poetischen Problemen und durch die Geburt eines Kindes.

Ein ganz alltägliches Beispiel sei noch erwähnt, weil es fast nie angemessen, das heißt als Wert in sich nämlich, gewürdigt wird: Eine Hausfrau ärgerte sich über die Unordnung ihrer Wohnung, gab sich einen Ruck und machte sich ans Werk. Nach vielen Stunden sorgfältiger und hingebender Arbeit kleidete sie sich um wie zu einem Fest und setzte sich in einen Sessel. Sie bemerkte, wie das Sonnenlicht durch die glänzenden Gardinen fiel, wie die Rosenblätter auf dem Glastisch tiefdunkel leuchteten und einen Kontrast bildeten und wie die aufgehellten Farben des Teppichs und der Möbel eine Stimmung von Frische und Behaglichkeit verbreiteten, und sie erlebte einen Moment großer Freude und Heiterkeit.

Trotz der Vielfalt der anregenden Situationen scheinen aber die Erlebnisse selbst sich sehr ähnlich zu sein. Dies ist eine unerwartete Erkenntnis. So unterschiedlich die Gipfel-Erlebnisse hinsichtlich ihrer Intensität und Tiefe auch sein mögen, ihre Beschaffenheit ist stets gleich. „Es war für mich überraschend zu hören, wie eine Mutter ihre ekstatischen Gefühle bei der Geburt ihres einzigen Kindes beschrieb und dabei einige derselben Wörter und Redewendungen gebrauchte, die ich in den Schriften der Hl. Theresa von Avila oder bei Meister Eckhart oder in japanischen oder hinduistischen Beschreibungen von Satori- oder Samâdhi-Erlebnissen gelesen hatte." Meine eigenen vielen Beobachtungen hierzu haben mich zu derselben Erkenntnis wie Maslow geführt. Ich sah Menschen, die nach langer Gefangenschaft wieder zu ihren geliebten Angehörigen heimkehrten, schwer leidende Menschen, die plötzlich eine erlösende Wende zum Besseren erlebten, Glückspilze, die einen großen Geldgewinn gemacht hatten, Menschen, die ihre Liebe entdeckten und trotz aller äußeren Unterschiede bekannten sie mir immer dasselbe innere Erlebnis. In der großen Freude sind wir alle gleich, oder vielleicht sage ich zutreffender: die große Freude macht uns alle gleich.

„Die auslösenden Momente sind sehr verschieden, während das subjektive Erleben dazu neigt, ähnlich zu sein. Oder um es mit anderen Worten zu sagen: Unsere ‚Anstöße' sind dieselben, sie treffen uns nur auf verschiedenen Wegen, bei weniger charakterfesten Menschen durch ‚Rock and Roll', Drogen und Alkohol. Ich bin mir dessen noch sicherer, seit ich in der Literatur über mystische Erfahrungen gelesen habe, über kosmisches Bewußtsein, ozeanische Erfahrungen, ästhetische und kreative Erfahrungen, Liebes- und Sexualitätserfahrungen, elterliche Erfahrungen und Erfahrungen plötzlicher Einsicht. Sie alle überschneiden sich, nähern sich der Ähnlichkeit und sogar Gleichheit." Und als ich Laskis Untersuchung und die dort geschilderten Gefühle mit meinen eigenen verglich, verblüffte mich ebenfalls die Ähnlichkeit. Sie erwähnt Gefühle, an einem idealen Ort, im Himmel also zu sein; das Gefühl, das Bewußtsein von Zeit und Raum zu verlieren, und das Gefühl, daß sich die Unterschiede und Grenzen aufzulösen beginnen.

Daß die seelischen Erfahrungen bei großer Freude gleich sind, könnte große und ungeahnte positive und integrative Wirkungen haben. „Wenn unsere inneren Erfahrungen des Glücks sehr ähnlich sind," sagt Maslow, „unabhängig davon, was sie hervorbringt, und unabhängig davon, wie unterschiedlich den Menschen diese Erfahrungen zustoßen (das heißt, wenn unser Inneres sich mehr gleicht als unser Äußeres), dann kann dies uns einen Weg bereiten, mit Menschen mitfühlender und verständnisvoller umzugehen, die sich sehr von uns selbst unterscheiden." Wenn wir nämlich sicher sein können, daß selbst der von uns sehr entfernt geglaubte Mensch zumindest zeitweise in derselben Innenwelt lebt wie wir, dann kann und muß uns dies zu grenzenloser Bereitschaft des Verständnisses ermutigen.

Die zugleich liebenswürdigste und eindrücklichste Schilderung eines Gipfel-Erlebnisses aus der Kinderzeit, die die unausdenkbare Vielfalt und Alltäglichkeit der Anlässe auf poetische Weise belegt, stammt von dem Dichter Marcel Proust[20]. Als erwachsener Mann erinnert er sich an den Ort seiner Kindheit und begibt sich auf die „Suche nach der verlorenen Zeit", wie er es nennt. Er kann sich zunächst nicht an Combray erinnern, nur die Ängste vor dem Schlafengehen kommen ihm ins Gedächtnis. Er fragt sich, ob alles damals Erlebte für ihn nun tot ist. Immer wenn er seine bewußte, intellektuelle und willentliche Erinnerung befragte, war die damalige Wirklichkeit tot, ausgelöscht. Er konnte nicht mehr über sie verfügen.

Nun verfiel er auf den produktiven Gedanken, daß sie sich zwar außerhalb seines Machtbereichs befinde, daß sie sich aber in einem bestimmten Gegenstand oder der Empfindung von ihm verborgen halte. Er dachte, daß wir dann, wenn wir diesen magischen Gegenstand finden, was fast immer nur rein zufällig und unwillentlich geschieht, den Schlüssel zum Serail der Seligkeiten unserer Kindheit in der Hand halten.

Dieser Gegenstand begegnete ihm nun in der Tat; es war für den kleinen Marcel ein Stückchen Sandkuchen, eine kleine Madeleine.

„Viele Jahre hatte von Combray außer dem, was der Schauplatz und das Drama meines Zubettgehens war, nichts für mich existiert, als meine Mutter an einem Wintertage, an dem ich durchfroren nach Hause kam, mir vorschlug, ich solle entgegen meiner Gewohnheit eine Tasse Tee zu mir nehmen. Ich lehnte erst ab, besann mich dann aber, ich weiß nicht warum, eines anderen. Sie ließ darauf eines jener dicken ovalen Sandtörtchen holen, die man ‚kleine Madeleine' nennt und die aussehen, als habe man als Form dafür die gefächerte Schale einer Sankt-Jakobsmuschel benutzt. Gleich darauf führte ich, bedrückt durch den trüben Tag und die Aussicht auf den traurigen folgenden, einen Löffel Tee mit dem aufgeweichten kleinen Stück Madeleine darin an die Lippen. In der Sekunde nun, als dieser mit dem Kuchengeschmack gemischte Schluck Tee meinen Gaumen berührte, zuckte ich zusammen und war wie ge-

bannt durch etwas Ungewöhnliches, das sich in mir vollzog. Ein unerhörtes Glücksgefühl, das ganz für sich allein bestand und dessen Grund mir unbekannt blieb, hatte mich durchströmt. Mit einem Schlage waren mir die Wechselfälle des Lebens gleichgültig, seine Katastrophen zu harmlosen Mißgeschicken, seine Kürze zu einem bloßen Trug unserer Sinne geworden, es vollzug sich damit in mir, was sonst die Liebe vermag, gleichzeitig aber fühlte ich mich von einer köstlichen Substanz erfüllt: oder diese Substanz war vielmehr nicht in mir, sondern ich war sie selbst. Ich hatte aufgehört, mich mittelmäßig, zufallsbedingt, sterblich zu fühlen. Woher strömte diese mächtige Freude mir zu? Ich fühlte, daß sie mit dem Geschmack des Tees und des Kuchens in Verbindung stand, aber darüber hinausging und von ganz anderer Wesensart war.“

Häufig hat man aus diesem Erlebnis mit der kleinen Madeleine Prousts Vorstellungen von einer verlebendigenden Erinnerung im Gegensatz zu einem oberflächlichen, bewußten und intellektuellen Gedächtnis herausgelesen und dargestellt. Darüber sollte man jedoch nicht vergessen, daß hier auch wesentliches über ein „unerhörtes Glücksgefühl“, ein Gipfel-Erlebnis also, ausgesagt wird. Es findet nämlich eine schlagartige Verwandlung statt, in deren Verlauf sich der Junge unverwundbar, geschützt und gefeit gegen die Gefahren des Lebens glaubt. Außerdem aber fühlt er seine Existenz ausgezeichnet, herausgehoben und einmalig. Vor allem aber überkommt ihn eine mächtige Freude, und man ist versucht zu glauben, daß er hier zum ersten Male dem elementaren Strom der Lebenskräfte selbst begegnet.

Der Anlaß aber ist ganz unbedeutend; es ist ein alltägliches Geschmackserlebnis, wie sich Tee und Kuchen im Munde mischen. Maslow betonte bei seinen Analysen der Gipfel-Erlebnisse immer wieder diese Qualität der Anlässe, ihre Gewöhnlichkeit, ihre scheinbare Banalität, ihre Bekanntheit und ihr Wesen, eben nichts Besonderes zu sein. Übrigens berichtet Proust noch von einem zweiten Ereignis, das ihn auch in einen ekstatischen Zustand versetzte und das genauso alltäglich und unbedeutend war: Er stolperte über eine Unregelmäßigkeit einiger Pflastersteine in Paris und erinnerte sich infolge dieses Anlasses an einen Aufenthalt in Venedig.

Der Himmel befindet sich in der Tat um uns herum. Maslow weist auf diese ständige, obgleich verborgene Anwesenheit des Glücks und der Freude hin und sagt: „Diese Erfahrungen sind nicht notwendigerweise phantastisch oder okkult oder geheimnisvoll oder esoterisch. Sie brauchen nicht unbedingt Jahre der Übung oder des Studiums. Sie sind nicht auf außergewöhnliche Menschen beschränkt, z. B. Mönche, Heilige oder Yogis, Zen-Buddhisten oder Menschen in einem besonderen Zustand der Gnade. Es ist nicht etwas, das im Fernen Osten geschieht, an bestimmten Orten oder das Menschen widerfährt, die besonders geschult oder auserwählt sind. Es ist mitten im Leben von gewöhnlichen Menschen bei alltäglichen Beschäftigungen erfahrbar."

Verallgemeinern wir Prousts Erlebnisse, so liegt der für uns speziell bestimmte und individuell geheiligte Gegenstand, der uns die Gipfel-Erfahrung bescheren kann, der in sich die Wunder des Lebens wie die Perle in der Muschel trägt und darauf wartet, von uns gefunden zu werden, mitten in unserer uns immer schon bekannten Umgebung; ja, er bietet sich uns sogar ständig zur Entdeckung an.

Diese Erkenntnis vermittelt uns die Ruhe der Kontemplation und Selbstbesinnung, in der wir in der Lage sind, alles uns alltäglich Begegnende in rechter Weise zu würdigen. Es ist dazu wahrscheinlich hilfreich, daß man kurzfristig vom stets und immer schon Bekannten Abstand gewinnt; dann kann man die Dinge wieder in ihrer ursprünglichen Frische oder in der Frische ihrer Ursprünglichkeit sehen. So wie man einem Kind dadurch eine Freude machen kann, daß man die Einrichtung seines Zimmers umstellt.

Wir brauchen keine großen Reisen zu unternehmen oder Expeditionen in gelobte Länder der Mystik. Maslow, der natürlich die Sehnsuchtstrips vieler Jugendlicher nach Indien vor Augen hatte, äußert sogar die Vermutung, daß solche Reisen eine Flucht vor den Geheimnissen des Lebens bedeuten können. Aus diesem falschen Beweggrund erklärt sich auch die bittere Enttäuschung, an der viele Heimkehrer aus scheinbar glücksgarantierenden Ländern und Gegenden leiden. „Die Suche nach dem Exotischen, dem Fremdartigen, dem Ungewöhnlichen, dem

Unüblichen hat oft die Form von Pilgerschaften angenommen, von Abkehr von der Welt, die ‚Reise nach dem Osten', nach einem anderen Land oder nach einer anderen Religion. Die große Lektion der wahren Mystiker, der Zen-Mönche und jetzt auch der humanistischen und transpersonalen Psychologen – daß das Geheiligte *im* Gewöhnlichen ist, daß es im Alltagsleben gefunden werden muß, bei den eigenen Nachbarn, Freunden und der Familie, im eigenen Hinterhof und daß Reisen eine *Flucht* vor der Konfrontation mit dem Geheiligten sein kann – diese Lektion kann leicht verlorengehen. Anderswo nach Wundern suchen ist für mich ein sicheres Zeichen des Unwissens, daß *alles* voller Wunder ist."

Daß das Geheiligte im Gewöhnlichen beschlossen ist, gehört zu den Urerfahrungen des Zen-Buddhismus, dem sich Maslow in seinen letzten Lebensjahren angenähert hat. Es faszinierte ihn an dieser Lehre, daß Zen ganz und gar praktischer Natur ist und sich eben nur auf das tägliche Leben bezieht. „Zen sucht das Leben zu ergreifen, so wie es fließt," sagt der Zen-Meister Suzuki[21].

Ganz in diesem Sinne hat Goethe alle Lebensfreude in einer regelmäßigen Wiederkehr der äußeren Dinge begründet gesehen. „Der Wechsel von Tag und Nacht," sagt er, „der Jahreszeiten, der Blüten und Früchte, und was uns sonst von Epoche zu Epoche entgegentritt, damit wir es genießen können und sollen, diese sind die eigentlichen Triebfedern des irdischen Lebens. Je offener wir für diese Genüsse sind, desto glücklicher fühlen wir uns." Wenn wir uns aber „gegen so holde Anerbietungen unempfänglich" zeigen, erhebt sich in uns der alles unterminierende Lebensekel[22].

Die Empfänglichkeit für die Bedeutung des Alltäglichen freilich muß man lernen; nur wenigen Menschen ist sie mitgegeben. Der Zen-Meister verabscheut bei dieser Lehre alles Reden über die Sache, alles theoretische Erläutern und Erklären. Das Erleben selbst, die Hingabe an das sich uns Bietende ist das Wesentliche; in ihm erscheint das Licht der Offenbarung. „Es ist wohl ein Finger nötig, um auf den Mond zu deuten, aber was für ein Unfug, wollte einer den Finger für den Mond halten!"

Aus diesem Zen-Spruch wird aber auch deutlich, wie wichtig es ist, Menschen kennenzulernen, die mit dem Finger auf die Wunder des Alltagslebens deuten können, die uns aufzuwecken in der Lage sind, damit wir Verborgenes sehen lernen. Nur ihr Fingerzeig ist wichtig und das, worauf sie hinweisen; jede Erklärung ist unwichtig. Glück und Freude bedürfen keiner Erklärung. „Ich weiß nicht warum – und es bedarf auch keiner Erklärung, aber wenn die Sonne aufgeht, so jauchzt die ganze Welt vor Freude, und alle Herzen sind von Seligkeit erfüllt," sagt der Zen-Meister und weist damit auf den Sonnenaufgang hin, auf das Alltäglichste des Alltäglichen.

5.
Die Vergeblichkeit des direkten Angriffs

> Das Wasser aus dem Himmel kommt
> dann oft, wenn dies der Gärtner
> am wenigsten erwartet.
>
> *Hl. Theresia*

Freude und Glück sind in einem Punkte von ganz besonderer Art, und in diesem Punkte gleichen sie keiner anderen Lebenserfahrung. Wir berühren damit ein Kernproblem der menschlichen Existenz. Freude und Glück stellen uns nämlich vor eine ganz und gar ungewöhnliche Aufgabe, die darin besteht, daß wir einerseits mit Maslow sicher sind, daß man Gipfel-Erlebnisse erlangen kann, daß man sich um sie bemühen, nach ihnen streben kann. Kein Zweifel, Gipfel-Erlebnisse können mit gutem Grund Ziel unserer innigsten Wünsche sein.

Aber mit *dem* Mittel, das uns üblicherweise und alltäglich zur Erreichung von Zielen zur Verfügung steht, mit dem Willen nämlich, erreichen wir sie nicht. Er ist das denkbar ungeeignetste Mittel zu diesem Zwecke. Mit dem Willen kann man Häuser bauen, einen Gegner besiegen oder einen Krieg gewinnen, aber die große Freude des Lebens spottet des Willens. Es scheint sogar so, daß sie sich um so mehr von uns entfernt, je mehr wir sie mit dem Willen verfolgen. Wer nach ihr jagt, verjagt sie.

Wir Menschen der Neuzeit sind mit recht stolz auf unseren Willen, auf die durch ihn mögliche Disziplin und Ordnung. Wir loben seine Kraft. Mit ihm haben wir uns nicht nur, wie es leider in der Bibel heißt, die Erde untertan gemacht, sondern ziehen nun auch aus, die Sterne und den Weltenraum zu erforschen – zu unterwerfen. Wir müssen jedoch einsehen, daß in Dingen der Freude und des Glücks der Wille nichts oder fast nichts zählt.

Ist es dann aber möglich, Verhaltensempfehlungen zu geben, fragt der Willensmensch, wenn ohnehin mit dem Willen hier nichts auszurichten ist? Es *ist* möglich! Dank der unerschöpflichen Möglichkeiten, die uns das Leben schenkt, ist es sehr wohl möglich, nur ist dazu viel mehr und anderes nötig als nur Ratschläge und Kniffe zum rechten Willenseinsatz. *Gefordert ist vielmehr eine veränderte Einstellung zum Leben selbst.*

Entgrenzung und Offenheit

Um einen ersten Eindruck und Hinweis zu vermitteln, sei ein Gleichnis gegeben. Vergleichen wir unsere Seele mit einem Gefäß, und stellen wir uns einmal einen Menschen unter höchster Willensanspannung vor, zum Beispiel bei einem sportlichen Wettkampf. Sollten wir angeben, was in ihm vorgeht, so ließe sich sagen: Dieser Mensch ist ganz erfüllt von seinem Willensantrieb; das Gefäß seiner Seele ist gleichsam voll. Nichts anderes als die abgerungene Leistung hat Platz in ihr. Er muß sich so mit *einem* Antrieb füllen, darf keine andere seelische Regung in sich zulassen, darf sich nicht ablenken lassen. Auch äußerlich ist diese seine innere Lage sichtbar. Alles an ihm ist Anspannung, von der Mundmuskulatur bis zu den Zehenspitzen. Überall erlebt er Grenzen, entweder als Ziel oder als Behinderung.

Demgegenüber nun ein Mensch, der sich freut, der glücklich ist. Man denke an die Darstellungen des heiligen Franziskus. Das Gefäß seiner Seele ist leer, zumindest zu Beginn. Er öffnet sich ganz, um die Kräfte des Lebens vertrauensvoll in sich einströmen zu lassen. Sein Körper ist locker, entspannt, er hebt die Hände, wie um ein Geschenk zu empfangen. Er fühlt sein Dasein verbunden mit dem großen Strom des Lebens. Die Quellen des Lebens haben sich ihm geöffnet.

Der weise Zen-Meister sagt dazu, daß eine Fülle von Licht voll herrlicher Freude in uns strömt und beschreibt diesen Zustand der Freude als Gefühl der Grenzenlosigkeit oder Entgrenzung: „Deine Existenz ist von aller Begrenzung befreit; du bist geöffnet, licht und durchscheinend geworden. Du gewinnst eine erleuchtende Schau in die wahre Natur aller Dinge, die dir jetzt erscheinen wie ebenso viele Märchenblumen ohne greifbare Wirklichkeit."[23]

Mit dem Heiligen, der dieses Erfülltwerden nicht anders auszudrücken wußte, als daß er in seinem berühmten Sonnengesang von Liebe ergriffen den Mond seinen Bruder und die Sonne seine Schwester nannte[24], kann man sich nicht vergleichen; auch dem Zen-Meister zu folgen, fällt uns schwer. Mit Sicherheit hätten sie jedoch nichts dagegen, wenn wir wenigstens einen Schritt in ihrem Sinne täten. Hierzu müssen wir nun aber zwischen Freude und Glück unterscheiden. Zwar ist jedes Glück auch Freude, aber eben nicht jede Freude ist auch schon Glück.

Was aber bedeutet für uns Sich-Öffnen, zum leeren Gefäß werden? Man muß dabei bedenken, daß die Freude am leichtesten zu beeinflussen ist; mit dem Glück haben wir es schwerer.

Ich sehe aus dem Fenster, ein Regenschauer ist niedergegangen. Der leichte Wind hat Bäume und Sträucher bereits getrocknet. Der Jasminstrauch mit seinen unzähligen großen weißen Blüten neigt sich mir zu. Er hat sich breitgemacht, überragt alle übrigen Gewächse und strotzt vor Schönheit. Wenn der Wind in ihn hineinfährt, bewegen sich ganze Zweiggruppen gleichmäßig, wie ein im ganzen reagierender Organismus. Ich freue mich, daß sich mir gerade jetzt dieses Spiel von Wind, Zweigen und unvergleichlicher Farbmischung von zartgelb, weiß und grün bietet. Ich bemerke, wie ich still und bewegungslos werde und den Veränderungen oder Farbnuancen folge, die beim allmählichen Aufkommen des Sonnenlichts entstehen. Die gelben Tupfer in den Blüten wirken warm, und das Weiß der Blütenblätter strahlt weit hinaus. Die Freude durchrieselt mich. Ich nehme an einem magischen Augenblick teil, an einer Verwandlung. Noch niemals begegnete mir der Jasmin in dieser Weise.

Worin aber besteht die Magie der Freude dieses Augenblicks? Sie ergibt sich aus einer bestimmten Art der *Einstellungsänderung*. Gewöhnlich beachten wir nur das Hervorstechende, das Auffallende. Wir gleiten mit unserem Blick über die Dinge, flüchtig, rasch weiterwandernd. So wahrgenommen erschließt sich uns die Schönheit der Dinge nicht. Erst das wiederholte Hinschauen öffnet uns das Gesehene nach seiner inneren Bedeutung. Dabei muß man sich von allen störenden Gedanken freimachen; man muß sich vor allem Zeit nehmen und Geduld mit sich haben. Das mehrmalige Hinsehen macht es uns möglich, uns ganz in den Gegenstand zu versenken. Wir sehen dann ab von dem, was uns in die Augen springt, was sich unserer Aufmerksamkeit aufdrängt. Wir durchdringen die Oberfläche und nehmen dann das Verborgene, das Unauffällige wahr. Schließlich bemerken wir, daß wir uns auf einer erregenden Explorationsreise befinden; denn das Wahrgenommene bietet sich nicht nur selbst dar, sondern verweist unseren Blick auf wiederum anderes, dessen Schönheit es zu erkunden gilt. Nie wird es uns gelingen, an einem Gegenstand wie dem Jasminstrauch vor meinem Fenster alles wahrzunehmen und alles zu bemerken. Wenn wir uns aber in dieser Weise in seine Formen und Farben versenken, kommen wir diesem Ziel doch wenigstens nahe. Wir sind dann ganz bei dem Gegenstand, vergessen unsere Vorbehalte, unsere stets auf der Lauer liegende Kritik, ja wir vergessen uns selbst, und es gibt nur noch die sich immer tiefer erschließende Schönheit des Gegenstandes – beseligende Gegenwart und immer reicher werdende Freude.

Man kann sogar eine goldene Regel für das Erscheinen der Freude durch diese Einstellungsänderung aufstellen: Bestürme das sich dir darbietende Bild nicht mit all deinen Erwartungen, all deinem Wissen und deinen vielen Wünschen, als müßtest du ihm seine Schätze gewaltsam entreißen; lade es vielmehr wie einen lieben Freund, der nach langer Abwesenheit wiedergekehrt ist, zu dir ein. Sei um sein Wohlergehen besorgt, schweige und laß ihn sprechen. Vor allem mißtraue dem ersten Eindruck! Daß in ihm die Wahrheit liegt, behaupten nur die Vorschnellen, für die Geduld ein Fremdwort ist. Er zentriert das Bild oft völlig falsch und verdeckt so, anstatt zu erkennen zu geben.

Und wenn dich die entdeckte Kostbarkeit des Bildes zu überwältigen beginnt und du glaubst, du müßtest dich gegen dieses mächtige Geschehen zur Wehr setzen, dich schützen, so tue das Gegenteil: Lege ohne Bedenken die Rüstung ab und sage dir mit der ganzen Hingabe, zu der dein Herz in der Lage ist: „Es ist wunderbar, ich freue mich, daß es *so* ist und daß es *da* ist."

Wie bei einem geliebten Menschen auch mache es dir aber zur Gewohnheit, mehrmals hinzusehen, wie wenn du vom Licht- und Farbenschimmer fasziniert einen Edelstein in der Hand drehst. Bedenke, das erste Hinschauen dient nur der Feststellung: Es ist da! Dem Eiligen auf der Straße der Lebenswunder genügt dies bereits. Aber alle weiteren Blicke erst leiten von einer Überraschung zur anderen. Der Augenmensch Goethe notiert sich in diesem Sinne, nachdem er einen ganzen Tag lang vor Raffaels „Schule von Athen" zugebracht hat, in sein Tagebuch: „Das Vergnügen des ersten Eindrucks ist unvollkommen, nur wenn man nach und nach alles recht durchgesehen und studiert hat, wird der Genuß ganz."[25]

Auch Maslow fragt sich, mit welchen Augen wir demgemäß die Welt sehen lernen müssen, um höchste Freude zu erreichen. Für ihn ist sicher, die gewöhnliche Form der Wahrnehmung ist dazu unbrauchbar, wir müssen sie meiden, denn sie ist aktiv; sie formt, ver-formt und wählt aus – vor allem *bearbeitet* sie das Wahrgenommene. Sie erfordert Wachsamkeit, Umsicht und hält uns in Spannung. Sie ist überhaupt angestrengte Arbeit, und man verhält sich dem Wahrgenommenen gegenüber so, als könne man ihm nicht trauen.

Das geforderte Sehen ist jedoch „eher passiv als aktiv, eher selbstlos als egozentrisch, eher verträumt als wach, eher geduldig als ungeduldig. Es ist eher schauend als starrend, liefert sich der Erfahrung aus und unterwirft sich ihr". Und an einer anderen Stelle heißt es noch deutlicher: „Gewöhnliches Erkennen ist in hohem Maße vom Willen bestimmt und deshalb fordernd, vorgefertigt und voreingenommen. Bei der Erkenntnis von Gipfel-Erlebnissen mischt sich der Wille nicht ein. Er wird im Zustand der Ungewißheit gehalten. Er empfängt und fordert nicht. Wir können Gipfel-Erlebnisse nicht auf Befehl abrufen. Sie geschehen uns." Der Psychologe nannte diesen Zustand der Öffnung der inneren Tore ‚wunschlose Bewußtheit'.

Er erfordert die Beruhigung und Zurückdrängung der zwingenden und prägenden Kräfte in uns und eine *Erhöhung der Sensitivität,* der Bewußtheit eben.

Wolle also nichts von der Welt der Wesen und Dinge in deiner Nachbarschaft, versuche nicht, sie zu ordnen, zu klassifizieren und in vorgefertigte Schemata abzulegen; verhalte dich vielmehr empfangend und laß die Individualität deines Gegenübers sich allmählich entfalten!

Die Rose zum Beispiel, die vor dir auf dem Tisch steht, schenkt die Wunder ihrer Lebendigkeit nur dem, dessen Sinne ganz ihr zugewandt sind, der sich in dieser Begegnung selbst vergessen kann, bis schließlich die Eigenart ihrer Schönheit zu leuchten beginnt, um dich mit unermeßlicher Freude zu beschenken.

Maslow macht hierbei noch auf einen merkwürdigen und in den üblichen Lehren von der Wahrnehmung ganz unbekannten Zusammenhang aufmerksam, den es zu beherzigen gilt. Es gibt danach eine Art und Weise, die Welt wahrzunehmen, *die sie ständig anzureichern scheint.* „Das wiederholte faszinierende Erlebnis eines Antlitzes, das wir lieben, oder eines Gemäldes, das wir bewundern, bewirkt, daß wir es noch mehr mögen, und erlaubt uns, immer mehr davon in verschiedenen Bedeutungen zu sehen." Dieser von ihm so genannte ‚intraobjektive Reichtum' wird aber nur dem Liebenden geschenkt, dem Bewundernden, der Sympathie und Hinneigung aufzubringen in der Lage ist. „Einer der Hauptmechanismen, durch den Liebe eine profundere Wahrnehmung der wahren Eigenschaften des Liebesobjekts bewirkt als Nicht-Liebe, besteht darin, daß Liebe Faszination mit dem Liebesobjekt und daher wiederholtes, gespanntes und gründliches Sehen, Sehen mit ‚Sorgfalt' einschließt. Liebende können Möglichkeiten in sich erkennen, für die andere Menschen blind sind." Liebe macht nicht immer blind, wie es im Sprichwort heißt, sondern unter gewissen Bedingungen auch ‚wahrnehmungsfähiger'. Man müßte jedoch hinzufügen, daß hier nicht die besitzergreifende, unterwerfende, pygmalioneske Liebe gemeint ist; die Liebe, die sehen macht, die sogar sieht, was noch gar nicht wirklich ist, sondern nur als Möglichkeit im anderen schlummert, die das Geheimnis des Entwicklungsganges zu erspüren vermag, ist zurückhaltend, pathisch, einräumend.

Auch und gerade wenn man sich nicht wohlfühlt, wenn sich die Stimmung verdüstert und alles grau zu werden scheint, befolge man die aufgestellte goldene Regel. Dies wird noch erleichtert, wenn man die Worte angesichts einer schönen Landschaft, einer ergreifenden Musik usw. wirklich ausspricht. Allmählich, ganz allmählich fühlt man – vielleicht im Magen, vielleicht in der Brust –, daß die ersten Anzeichen der Freude sich einstellen. Nebenbei gesagt, es bedarf auch einiger Übung, diese ersten schwachen Regungen der Freude zu bemerken. Dann aber beginnt die Magie der Situation alles in etwas Unvergeßliches, Einmaliges, Erhebendes und Freudespendendes zu verwandeln.

Wie wir, was uns umgibt, wahrnehmen, so erscheint es uns. Wir selbst heben das Wahrgenommene heraus, durch unseren Blick wird es individuell, schön und reich, wenn wir die rechte Einstellung vorbehaltlos wählen. Dies ist uns jederzeit möglich, und daher kann uns auch vieles, jedenfalls viel mehr, als wir uns träumen lassen, Anlaß zur Freude werden. Auch scheinbar schlechte und trübe Tage tragen in sich einen Schatz an Freude, der nur gehoben werden will.

So beschreibt der Dichter Knut Hamsun sein kärgliches und entbehrungsreiches Leben als Hirtenjunge, indem er ein Gipfel-Erlebnis an das andere reiht. „Bei gutem Wetter lag ich auf dem Rücken im Heidekraut und schrieb mit dem Zeigefinger über den ganzen Himmel hinweg und hatte glückselige Tage." Und wenn das Wetter umschlug, beeinträchtigte es seine Stimmung keineswegs. „Es war ein herrliches Leben. Und keiner soll glauben, daß es mir bei Regenwetter schlechter erging. Da saß ich wohlbeschützt unter einem Busche oder einem Felsen. Da saß ich und trällerte oder schrieb auf weiße Birkenrinde oder schnitzte etwas mit meinem Taschenmesser. Ich kannte jeden Fleck im Umkreis, und wenn die Herde an eine andere Stelle wanderte, zog auch ich unter einen anderen Felsen, den ich kannte, und hatte es wieder gut. Niemand, der nicht von Jugend auf darin aufgewachsen ist, kann sich vorstellen, welch zartes und seltsames Behagen darin liegt, bei Regenwetter im Freien zu sein und in sicherem Schutz zu sitzen."[26]

Man sollte sich hüten, dieses Kindheitserlebnis als kleines Glück abzutun und zu belächeln. Es ist durchaus auch symbolisch oder exemplarisch zu verstehen. Der Dichter mahnt uns, nicht jeden schwarzen Tag zum Anlaß eines inneren Stimmungstiefs zu nehmen. Bisweilen ist unsere Fähigkeit, paradox, erwartungswidrig zu reagieren, gefordert, um die mögliche Freude in der Situation zu entdecken.

Gelassenheit

Die Gipfel-Erlebnisse, das Gefühl des größeren Glücks also, sind dagegen durch unseren Willen kaum oder gar nicht zu bestimmen. In den Lehren der Mystiker finden wir zwar viele Hinweise auf willentliche Vorbereitungen und Aufmerksamkeitsausrichtungen; auch die unterschiedlichsten körperlichen Übungen werden empfohlen, man denke zum Beispiel an den Lotossitz der Meditierenden. Es mag sein, daß durch diese Praktiken das Eintreten der Gipfel-Erfahrung erleichtert wird, notwendig für ihr Erscheinen sind sie jedoch nicht.

Maslow stellt die Frage: „Kann man diese Erlebnisse willentlich erreichen?" und antwortet: „Nein! Oder fast völlig nein! Im allgemeinen werden wir ‚Überrascht von Freude', um den Titel eines Buches von C. S. Lewis über genau diese Frage zu verwenden. Gipfel-Erlebnisse kommen unerwartet, sie *widerfahren* uns plötzlich. Man kann nicht mit ihnen rechnen. Ihnen nachzujagen ist fast so wie wenn man das Glück erjagen wollte. Am besten geht man hier nicht direkt vor. Es stellt sich als Neben-Produkt ein – ein Epiphänomen, zum Beispiel wenn man eine gute Arbeit bei einer wertvollen Aufgabe leistet, mit der man sich identifizieren kann."

Die rechte Erinnerung an Situationen vergangenen Glücks, die *sinnvolle Nutzung der Vergangenheit* also, kann uns jedoch helfen, die wahrscheinlich glücksverheißenden Situationen der Gegenwart ausfindig zu machen. Wir sammeln nämlich im Laufe unseres Lebens viele Erfahrungen mit Gipfeln. Beim ersten Mal mögen sie uns vielleicht überraschen; wir verwundern uns, daß wir zu solchen Erlebnissen überhaupt fähig sind. Bei Wiederholungen bemerken wir jedoch, unter welchen Bedingungen und bei welchen Situationen sie bei uns einzutreten pflegen. Wir lernen uns selbst dabei besser kennen. Wir wissen schließlich immer besser, wo und wie gerade uns diese Geschenke des Glücks zuteil werden. Auf diese Weise können wir unsere Erfahrungen der Vergangenheit zu neuen Erfahrungen nutzen.

„Natürlich können wir es mehr oder weniger wahrscheinlich machen, ausgehend von unseren Erfahrungen in der Vergangenheit", bemerkt Maslow hierzu: „Einige glückliche Menschen können fast immer Gipfel-Erlebnisse in der Sexualität haben. Manche können sie bei bestimmten Musikstücken oder gewissen Beschäftigungen wie Tanzen oder Sporttauchen erwarten. Aber keine dieser Aktivitäten *garantiert* eine Gipfel-Erfahrung. Die geeignetste seelische Haltung, um sie zu ‚empfangen' ist die Rezeptivität, fast eine Art von Passivität, oder Vertrauen, oder Hingabe, eine taoistische Einstellung, die Dinge geschehen zu lassen, ohne einzugreifen oder sich einzumischen. Man muß in der Lage sein, seinen Stolz, seinen Willen, seine Herrschsucht aufzugeben, das Steuerrad aus der Hand zu geben, die Verantwortung abzugeben. Man muß sich entspannen können und die Dinge geschehen lassen."

Der Psychologe bekennt, daß ihm die Lehren des Fernen Ostens hierfür die Augen geöffnet haben. Diese Lehren und seine Erfahrungen mit Menschen auf dem Wege zur Selbstverwirklichung konvergierten und wiesen wechselseitig aufeinander hin. „Ich meine, dies wird Sie dahin führen", gibt er seinen Zuhörern zu bedenken, „wohin es mich geführt hat – es hat nämlich mein Interesse am Taoismus und den Lehren, die er uns bieten kann, erneuert. Dasselbe gilt für Zen. Im ganzen gesehen kann ich sagen, daß meine Entdeckungen mehr mit den Zen- und Tao-Philosophien übereinstimmen als mit irgendeiner der religiösen mystischen Strömungen."

Verfolgen wir den Gedanken der rechten Einstellung gegenüber Gipfel-Erlebnissen noch ein wenig weiter und tiefer. Wir beobachteten, durch Anspannung, Willenskraft und gelenkten

Antrieb wollen wir bisweilen unser Glück erreichen. Dagegen ist es eine alte Lebenserfahrung, daß das Geheimnis des Glücks im Lassen, im Entsagen von Zwang und im Vertrauen liegt. „Wer sich ganz und gar ließe für einen Augenblick: ihm würde alles gegeben", sagt Meister Eckhart[27] und zeigt uns damit die Wirkung der extremen Bedingungen. Warum aber greifen wir so begierig nach den falschen Mitteln? Welchen Grund hat es, daß wir so leicht durch den Willen zu verführen sind?

Der Grund ist einfach und längst entdeckt; aber das Wissen um ihn scheint beständig wieder verlorenzugehen. Vielleicht sind wir sogar aufgerufen, dieses Wissen tagtäglich wiederzuentdecken. Es ist unser *übertriebenes Bedürfnis nach Sicherheit*, das uns angesichts der wilden und großen Wunder des Lebens zusammenschrecken läßt und bewirkt, daß wir stets nach der uns zur Verfügung stehenden Festigkeit und Verläßlichkeit in uns greifen läßt. Ob im großen oder im kleinen: Ein übersteigertes Sicherheitsbedürfnis hat immer paradoxe Folgen, es gefährdet anstatt zu helfen. Gegenwärtig sind wir Zeuge einer unheilvollen Entwicklung, in der sich auf der ganzen Welt das Sicherheitsbedürfnis zum Sicherheitswahn aufbläht. In dieser Hinsicht – so merkwürdig es klingen mag – ist unsere Zeit dem Mittelalter ähnlich. Der Philosoph Friedrich Heer[28] hat darauf aufmerksam gemacht, daß wir nicht selten über das metaphysische Sicherheitsbedürfnis des mittelalterlichen Menschen lächeln und über dieser hochmütigen Geste unseren eigenen Sicherheitswahn übersehen.

Meister Eckhart, an dessen Lehren viele Gedanken Maslows aus seinen letzten Jahren erinnern, spricht in seinem Johanneskommentar von den verschiedenen Einstellungen der Menschen zu Gott und sagt, daß es Menschen gibt, die es lieber hätten, wenn sie Gott führen würden, da es ihnen zu unsicher ist, wenn sie von ihm gelenkt würden. „Sie wollen zwar, was Gott will; es wäre ihnen aber lieber, Gott wollte, was sie selbst wollen." Um dieses eigentümlich umgekehrte Machtverhältnis zu verdeutlichen, fügt er dann eine anspruchslose, aber drastische Fabel ein, die Geschichte von der Ziege Johanna: „Man erzählt von einem alten Weiblein, die ihren Knaben hieß, die Ziege Johanna zur Weide zu führen; aber die Ziege sah auf einmal die Blätter einer Dornenhecke und zog den Knaben durch das dornige Gesträuch hinter sich her. Von den Dornen verletzt, jammerte der Knabe: Frau Johanna, meine Mutter hat gesagt, ich sollte euch führen, aber ihr führt mich!"[29] Was hier von Gott gemeint ist, trifft gleichermaßen auch für das Glück des Menschen zu. Wer das Glück an der Kette führen will, wer sich seiner versichern will, geht in die Irre; er muß alsbald einsehen, daß das Glück seine eigenen, eigenwilligen Wege wählt – eben wie die Ziege Johanna.

Maslow hat bei der Beschreibung der Bedingungen für die Gipfel-Erfahrungen besonders diese notwendige Wandlung des Menschen betont, daß er sich nämlich seines Willens, seiner übersteigerten Eigenmächtigkeit entledigen und anstatt dessen eine *nicht-aktive Haltung* einnehmen müsse. „Wir haben gesehen, daß die meisten Gipfel-Erfahrungen offenbar *rezeptive* Phänomene sind. Sie dringen in den Menschen ein, und er muß in der Lage sein, sie auch *zuzulassen.* Man kann sie nicht zwingen, ergreifen oder über sie bestimmen. Willenskraft ist zwecklos; ebenso sich Bemühen oder sich Anstrengen. Was notwendig ist, ist die Fähigkeit, loszulassen, die Dinge geschehen zu lassen." Recht verstanden bedeutet diese Empfehlung jedoch keineswegs, daß man sich jeder Sorge um das eigene Glück entledigen soll. Sie zielt vielmehr auf die Bereitschaft, der Welt gegenüber eine ganz andere, ungewohnte und ungewöhnliche Haltung einzunehmen. Maslow berichtet zur Erläuterung seiner Vorstellungen von einer neurosenpsychologischen Beobachtung: Stark zwanghafte Menschen können sich nicht im Wasser treiben lassen. Ihnen fehlt die Fähigkeit, sich loszulassen; sie sind es gewohnt, sich stets zu kontrollieren. Tun sie es nicht, überfällt sie die Angst. Um sich aber im Wasser treiben lassen zu können, muß man diesem Element Vertrauen entgegenbringen können. Wenn man jedoch mit ihm wie mit einem Gegner zu kämpfen beginnt, geht man unter. „Dasselbe gilt für die Ausscheidungsvorgänge, Einschlafen, Entspannen usw. All diese Tätigkeiten erfordern die Fähigkeit, loszulassen, die Dinge geschehen zu lassen. Willenskraft stört nur. In eben diesem Sinne scheint es, als würde das Eindrängen der Willenskraft Gipfel-Erlebnisse verhindern."

Der Alltag demonstriert uns in der Tat ständig diesen Zusammenhang zwischen dem Bedürfnis nach Sicherheit oder der Angst vor der Unsicherheit und den unterschiedlichsten schutzverheißenden Willensanspannungen wie auch den ganz anderen Zusammenhang, wo das Sich-Ergeben, die Hingabe an die Situation das Gelingen zur Folge hat.

In der Angst vor den Unsicherheiten und Unvorhersehbarkeiten des Lebens sind wir dem Kinde ähnlich, das über einen Schwebebalken zu gehen versucht. Die geforderte körperliche Geschicklichkeit hierzu ist bekanntlich minimal; jeder gesunde Mensch kann es. Das zu lösende Problem liegt jedoch in der Überwindung und Beherrschung der Unsicherheitsangst. Wen sie auf der Strecke befällt, der stürzt unweigerlich. Wer sich hingegen, dem eigenen Können und der Situation vertrauend, dem Rhythmus der Körperbewegungen hingibt und der Tiefe nicht achtet, kommt sicher ans Ziel.

Sich lassen, sich hingeben, dem Leben vertrauen und nicht handeln, nicht lenken, nicht kontrollieren – eben Gelassenheit ist notwendig, damit wir für Gipfel-Erlebnisse zugänglich und offen werden. Aus ärztlicher Sicht hat der Psychotherapeut Frankl die Vergeblichkeit des direkten Angriffs im Falle des Glücks ähnlich beschrieben. Man kann es seiner Meinung und Erfahrung nach direkt und unmittelbar anstreben; auf diese Bahn gerät der Mensch jedoch immer dann, wenn er keinen umfassenderen Sinn in seinem Dasein mehr findet. Ist der Wille zum Sinn frustriert, kompensiert der Mensch diesen Defekt durch den Willen zur Lust – und muß alsbald erleben, daß sie eben nur ein Ersatz war. „Der Wille zur Lust steht aber nicht nur in Widerspruch zur Selbst-Transzendenz, sondern auch sich selbst im Wege. Je mehr es dem Menschen um Lust geht, um so mehr vergeht sie ihm auch schon. Je mehr er nach Glück jagt, um so mehr verjagt er es auch schon." Diese menschliche Alltagserfahrung hat nach Frankl darin ihre Begründung, daß der Mensch entgegen eines verbreiteten Vorurteils nicht danach strebt, glücklich zu sein; er will vielmehr einen Grund oder eine Berechtigung dazu haben. „Und hat er einmal einen Grund dazu, dann stellt sich das Glücksgefühl von selbst ein. In dem Maße hingegen, in dem er das Glücksgefühl *direkt* anpeilt, verliert er den Grund, den er dazu haben mag, aus den Augen, und das Glücksgefühl selbst sackt in sich zusammen." Ähnlich wie Maslow faßt Frankl sodann seine Vorstellungen mit der Feststellung zusammen: „Glück muß er-folgen und kann nicht er-zielt werden."[30]

6.
Das Versagen der Worte

Mein Spaziergang am Sonntagmorgen – ich genieße ihn. Es ist Februar und da der Schnee sich hier nicht ständig erneuert, sind die Wege bereits ausgetreten. Die Rodelbahnen sind nicht mehr befahrbar, das braune Laub scheint schon an vielen Stellen hindurch. Der vorgestern noch schwer auf den Tannen lastende Schnee ist zu vereinzelten Klumpen zusammengeschmolzen. Auf der Wiese am Waldrand jagen die Vögel bei meinem Erscheinen in Zickzackschwüngen davon. Sie kreuzen unterwegs noch hin und wieder die Flugbahn des Partners und ziehen dann am Wald in einer Kreisbahn hoch.

Schaut man nur genau hin und vor allem hört man aufmerksam zu, so bemerkt man es: das Erscheinen des Frühlings. Es ist diese flaue Zeit, in der wir die Kraft des Frostes schon vergessen haben und die Wärme in geringen Andeutungen erahnen können.

Ich wandere durch die Tannenschonung. Wie ein Hohlweg umgeben mich die Bäume, und am Ende der Schonung biege ich den Bergweg hinauf, der stellenweise durch die Schlittenkufen glatt und rutschig geworden ist. Man muß sich anstrengen, um nicht bei jedem Schritt wieder zurückzufallen. Oben angekommen, verweile ich unter dem Hochsitz. Ich schaue über die weite Schlucht unter mir. Es ist vollkommen windstill, kein Ast bewegt sich. Mein Gesicht ist kühl; ich bemerke, daß ich ein Gesicht habe. Die Haut fühlt sich schwer an. Ein wohliges Gefühl durchrieselt mich. Der Aufwärtsgang hat mich angestrengt, und ich muß tief durchatmen.

Ich habe es gelernt so zu gehen, gleichsam jeden Zustand außer und in mir bezeugend.

Das Licht scheint durch die Baumwipfel; es ist nur ein Abglanz, die Sonne selbst erscheint nicht. Ich mache mich selbst darauf aufmerksam, welcher Art dieses Licht ist. Mein Vater lehrte mich diese kontemplative Aufmerksamkeit: „Sieh dort, diese Blume!" sagte er, und plötzlich veränderte sich meine Wahrnehmung; es war wie ein rascher Szenenwechsel. Nur diese Blume existierte noch, alles andere war wie ausgeblendet. Als Kind dachte ich, mein Vater habe die Gabe, die Welt mit einem Zauberstabe verwandeln zu können. Die Farben erschienen mir nun in einer tiefen, strahlenden Sattheit, sie lachten mich an. Und ein leiser Windstoß drückte den Blumenkelch zur Seite. Ich glaubte, er schmiege sich dem Wind an, so träge war seine Bewegung; Windhauch und Blume liebkosten sich.

In diesen Augenblicken fühlte ich mich glücklich. Mein Vater verweilte still neben mir, um mich dann durch einen erneuten Hinweis zu meinem nächsten Glück zu führen. So betrachteten wir die Dinge, mit Aufmerksamkeit und mit Liebe und ließen uns beschenken.

Auch heute, an diesem mit metallisch glänzendem Licht erhellten Frühlingsmorgen fühlte ich, wie mein längst gestorbener Vater mir die Schönheiten zeigte.

Aber die hellen Kindertage sind längst dahin, und die ständige Begegnung mit leidenden und schwer an ihrem Dasein tragenden Menschen hat mir die Freude bei diesen Spaziergängen gedämpft. Während ich versuche, den zauberischen Tonfall der Stimme meines Vaters in Erinnerung zu rufen, fühle ich gleichzeitig ein Bedauern in mir. Ich erinnere mich an ein langes und quälendes Gespräch, das ich mit einer meiner Klientinnen geführt habe. Sie sagte nach mehreren Stunden eines langen Berichts über ihr unerfülltes Leben, gleichsam alles Bisherige zusammenfassend:

„Ich habe nichts, worüber ich mich freuen könnte."

Als diese Worte verklungen waren, kam ich mir ratlos, leer und hilflos vor. Noch heute hier oben über der Waldschlucht, wo ich immer stehenbleibe, um auszuruhen und um mir die Transparenz des Wunders in den Dingen zu vergegenwärtigen, klingen diese Worte in mir nach. Sie belasten mich. Ich fühle den großen Abstand zwischen mir und der Klientin, meinen

Glücksreichtum und ihre Glücksarmut. Wie kann ich ihr von dem Überfluß der Welt mitteilen, wie ich ihn erfahre – glaubwürdig, einladend, überzeugend, daß sie sich ohne Angst und Mißtrauen auf die Suche begeben kann? Ich zweifle, ob ich in der Lage sein werde, ihr diese Zuversicht, diese einfache Wahrheit glaubhaft zu machen, daß direkt neben und vor ihr, ja in ihr selbst die Quellen der Freude liegen. Ich frage mich oft, woran es liegt, daß uns die Mitteilung unseres Glücks, die echte Kommunikation der Freude und Seligkeit so schwer fällt. Warum können wir nicht zu unserem Nächsten so wie mein Vater in den fernliegenden Kindertagen sagen: „Sieh, da ist es!" und die Welt verändert sich?

Mystisches Schweigen

Es ist eine allgemeine Vorstellung der Mystik aller Zeiten, daß der Eingeweihte, derjenige also, der das Geheimnis des Lebens, Grund und Quelle all unserer Freude, geschaut hat, seine Erkenntnisse nicht mitteilen kann. Das Wort Mystik (vom Griechischen myein) bedeutet sogar ‚Lippen und Augen schließen'. Zwar bemühen sich diese Begnadeten um die Mitteilung; sie sind sich jedoch der prinzipiellen Grenzen stets bewußt. So liest man von den Sufis: „Die hauptsächlichen Eigenarten des Prophetismus können nur durch die Entrückung von denjenigen wahrgenommen werden, die das Sufileben befolgen. Der Prophet ist mit Eigenschaften ausgestattet, für die man nichts Analoges besitzt und die man infolgedessen unmöglich verstehen kann. Wie sollte man ihre wahre Natur kennen können, da man doch nur kennt, was man begreifen kann."[31] Der Prophet gibt dann aber doch noch einen Wink, in welche Richtung wir etwa zu denken haben, um uns die Qualität dieser Erkenntnisse begreiflich zu machen. Er erklärt nämlich: „Die Entrückung, zu der man durch die Methoden der Sufis gelangt, ist wie eine unmittelbare Wahrnehmung, als würde man die Objekte mit der eigenen Hand berühren." So muß also jeder selbst und ganz in eigener Verantwortung das Glück des Lebens erfahren lernen, er muß die *eigene* Hand ausstrecken, um es ‚begreifen' zu können.

Kann uns aber wirklich niemand dabei helfen? Gibt es keinen Weg der Mitteilung, der rechten Worte?

Dazu noch ein weiteres Zeugnis aus der Geschichte der Mystik. Der heilige Johannes vom Kreuz, einer der erfahrensten Lehrer der Mystik, verneint, daß wir die Erkenntnis Gottes in irgendeiner Art von Bildern erkennen; unsere Sinnesvorstellungen reichen nicht aus, um dieses Lichtes teilhaftig zu werden. „Da (die innere Weisheit) durch die Sinne und die Einbildungskraft noch niemals aufgenommen wurde und diese ihre Form und ihr Wesen nicht wahrgenommen haben, so vermögen sie auch darüber keine Auskunft zu geben, noch auch sich eine Vorstellung davon zu machen, um sich richtig auszudrücken, wenn auch die Seele ganz deutlich erkennt, daß sie jene wonnevolle und ungewöhnliche Weisheit empfinde und koste."[32]

Um uns die Hilflosigkeit nahezubringen, in die derjenige gerät, der diese Momente höchster Erkenntnis und höchsten Glücks berichten will, wählt der Meister einen Vergleich: Man denke an einen Menschen, der *zum erstenmal* in seinem Leben etwas schaut. Ohne Zweifel kann er es verstehen, ja er kann es genießen, mit ihm umgehen und es auch benutzen. Er ist allerdings nicht in der Lage, ihm einen Namen zu geben und kann auch keine Vorstellung von ihm vermitteln. Es seien hier zum Beispiel Erlebnisse erwähnt, die dem Meister völlig fremd waren und für die erst unsere Neuzeit die Räume geöffnet hat. Weltraumfahrer schwärmen von der alles überragenden und übersteigenden Schönheit unserer Erde und klagen gleichzeitig darüber, daß das Überwältigende dieses Eindrucks nicht beschreibbar ist. Der heilige Johannes würde, wenn er durch ein Raumschiffenster unseren blauen Planeten hätte bewundern können, dennoch eingewendet, daß es sich auch hierbei nur um Gegenstände der Sinne handelt, „um wie viel weniger wird er sich dann über etwas aussprechen können, was er nicht durch die Sinne in sich aufgenommen? Es ist eben der göttlichen Ansprache eigentümlich, daß sie, wenn sie ganz innerlich, geistig, eingegossen und übersinnlich ist, sogleich die Harmonie und Fähigkeit der inneren und äußeren Sinne aufhören und verstummen macht."

Ist dies wirklich so? Dürfen wir nach unseren neueren Erfahrungen an dieser Ansicht des Meisters zweifeln? Erlegt die göttliche Sprache der Seele wirklich Schweigen auf? Könnte es nicht gerade umgekehrt sein, daß die Seele, nachdem sie die Glückseligkeit des Lebens erfahren hat, nun wie jemand, der überreich und unerwartet beschenkt worden ist, eben nicht mehr schweigen kann; daß er vielmehr immer und immer wieder davon sprechen muß?

Auch James, der Religionspsychologe, findet als das wichtigste Merkmal mystischer Geisteszustände ihre *Unaussprechbarkeit.* Wir erwähnten es bereits. Vor allem aber betont er die Individualität dieser Zustände, ihre Einzigartigkeit und Unvergleichlichkeit, sozusagen ihre *Privatheit.* Gerade im Glück zeigt sich, jeder kann nur für sich allein fühlen, niemand kann es für einen anderen tun; hier gibt es offenbar absolut keine Stellvertretung. Die Intimität und die ‚Jemeinigkeit', wie moderne Philosophen sagen, verhindern aber die Kommunikation. „Die Qualität dieses Geisteszustandes muß direkt erfahren werden; er kann anderen nicht mitgeteilt oder auf sie übertragen werden. In dieser Besonderheit sind mystische Zustände Gefühlszuständen ähnlicher als intellektuellen Zuständen. Niemand kann einem anderen, der ein bestimmtes Gefühl niemals gehabt hat, klarmachen, worin seine Qualität oder sein Wert besteht. Man muß musikalische Ohren haben, um den Wert einer Symphonie kennenzulernen; man muß selber verliebt gewesen sein, um den Bewußtseinszustand eines Liebenden zu verstehen."[33]

Aus diesem Unverständnis folgt häufig die Verurteilung dieser Erlebnisse als ‚verrückt'. „Wenn uns das Herz oder das Ohr fehlt, können wir den Musiker oder den Liebhaber nicht richtig interpretieren und sind sogar geneigt, ihn für schwachsinnig oder absurd zu halten. Der Mystiker findet, daß die meisten von uns seiner Erfahrung eine ähnlich inkompetente Behandlung zuteil werden lassen."

Aber die Verhältnisse scheinen noch komplizierter und verwickelter zu sein. Das auf mystische Weise erlangte Glück, die Entrückung also, ist auf den einzelnen beschränkt, wird nur ihm als Einzelnem zuteil. Ja, man kann sogar feststellen, daß diese besonderen ekstatischen Erlebnisse den Einzelnen gerade als Einzelnen auszeichnen, ihn erst zu einem Einzelnen machen, was er selbst wiederum als Berufung deutet. Glück und Kreuz also zugleich.

James versucht herauszufinden, womit die Nichtmitteilbarkeit dieser erhebenden und beseligenden Erfahrungen im tieferen zusammenzuhängen scheint. Da nämlich die mystische Erfahrung nur für den Entrückten selbst besteht, hat sie Ähnlichkeit mit unserer Sinneswahrnehmung; auch sie ist für den Betreffenden und nur für ihn so, wie sie ist. Niemand nimmt den Gegenstand, den ich gerade wahrnehme, so wahr wie ich. So müssen mystisches Glück und mystische Erfahrung intuitiv sein, „das heißt mehr nach der Art dessen gebaut sein, was bei uns selbst unmittelbares Gefühl genannt wird, als nach der von Satz und Urteil“[34]; mit dem begrifflichen Denken haben diese Erfahrungen hingegen nichts gemeinsam.

Dann fährt der Autor jedoch schwer verständlich fort: „Aber *unsere* unmittelbaren Gefühle haben keinen anderen Inhalt als das, was die fünf Sinne zur Verfügung stellen; Mystiker können emphatisch bestreiten, daß die Sinne irgendeine Rolle bei dem allerhöchsten Erkenntnistyp spielen, den ihre Entrückung gewährt.“ Das würde aber bedeuten, daß man im Grunde noch nicht einmal sagen kann, daß diese Erfahrung in einem unmittelbaren Gefühl besteht; denn dieses bedarf der Reize durch die Sinne, um erregt zu werden. Die mystische Erkenntnis hingegen ist wohl eben dieses Gefühl, *bedarf aber gleichsam der Nahrung durch die Sinne nicht.*

Die Verhältnisse sind schwer durchschaubar. Vielleicht muß man auch annehmen, daß zur Erlangung dieses Glücks ein ganz neuer Sinn nötig ist und uns auch zuwächst. Die heilige Theresia von Avila, eine andere große Mystikerin, vertrat in der Tat diese Ansicht und war sich sicher, daß Gott uns zu dem Glück und der Freude auch noch das entsprechende Empfangsorgan schenkt – ein bei der Schwäche der menschlichen Natur und der Intensität der Freude ein nur zu vernünftiger Gedanke[35].

Warum aber der Ausflug in die dunklen Gefilde der Mystik? In der neueren Psychologie werden diese alten Erkenntnisse durchaus beachtet, ja sie werden sogar wiederentdeckt und weitergedacht. Mit einer entscheidenden Korrektur allerdings: Maslow wiederspricht gestützt auf seine Untersuchungen entschieden der mystischen Vorstellung von der Unaussprechbarkeit dieser Erfahrungen. Es ist wohl so, wie die Ekstase-Forscherin Marghanita Laski sagt, daß Menschen bei ungewöhnlichen Erlebnissen des Glücks zwar immer und mit einer gewissen Regelmäßigkeit behaupten, es sei unaussprechbar („unsagbar schön"), daß sie es aber nur als unaussprechbar fühlen und „wenn sie sagen, es sei unaussprechbar (oder unbeschreiblich etc.), so ist dies gerade ein typischer Teil ihrer Beschreibung" – ein zweifelsohne wichtiger Unterschied.

Maslow würde dem zustimmen; er hat nie daran gezweifelt, daß Gipfel-Erfahrungen mitteilbar sind. Ja er hat in der letzten Lebenshälfte beständig über sie gesprochen und auch auf glaubwürdige und ausführliche Berichte anderer Gewährsmänner hingewiesen. Er bemerkt dazu: „Ich bin jetzt sehr sicher, daß die Unaussprechlichkeit solcher Erfahrungen übertrieben worden ist. Es *ist* möglich, über sie zu sprechen, sie zu beschreiben und sie mitzuteilen. Ich tue es immer, nun da ich gelernt habe, wie. ‚Unaussprechbar' meint in Wirklichkeit ‚nicht mitteilbar durch rationale, logische, abstrakte, verbale, analytische, vernünftige Sprache'. Die Gipfel-Erfahrung kann beschrieben und sehr wohl mitgeteilt werden, (1) wenn zwei Menschen solche Erfahrungen selbst gehabt haben und (2) wenn man in der Lage ist, in einer poetischen und rhapsodischen Sprache zu sprechen, wenn man sich selbst archaisch sein lassen kann im Sinne von Jung, wenn man in einer metaphorischen oder primärprozeßhaften Weise denk-fühlen kann – oder was Heinz Werner physiognomische Sprache genannt hat.

Es ist wahr, die Seele *ist* allein, eingekapselt – von allen anderen abgeschnitten – und es scheint ein Wunder zu sein, daß zwei solche isolierte Seelen über die große Schlucht zwischen ihnen sich mitteilen können. Gut, aber dies Wunder geschieht."

Es könnte immerhin sein, daß wir so innerhalb der Mauern unserer Existenz leben, daß wir solche tief innerlichen Erlebnisse gar nicht mitteilen *können.* Unsere Kommunikation wäre dann beschränkt auf wenige Inhalte; wir entwickelten uns dann einer immer ärmeren Erlebnisweise entgegen. Vor allem aber könnten wir nur ganz bestimmte Erlebnisse mitteilen, nämlich nur diejenigen, die zu der uns gerade verfügbaren Sprache passen, für die sie das angemessene Transportmittel ist. Andere Erlebnisse, die eben nicht auf diese Weise transportabel sind, werden vielleicht eine Zeit lang an die Tore unseres Bewußtseins klopfen. Wenn sie allerdings – aus welchen Gründen auch immer – nicht eingelassen werden oder nicht eingelassen werden können, werden sie schließlich ihre Mahnungen, die Hinweise auf ihr Dasein einstellen. Das aber bedeutet, daß unsere auf diesem Wege beständig ärmer werdende Sprache nur das zuläßt, was ihr zulassenswürdig erscheint und dies wird dann immer weniger. So beeinflußt die Sprache auf unheilvolle Art und Weise unsere Erlebnisse und ihren Reichtum. Daraus ist der Schluß zu ziehen, daß sie beständig weiter ausgebildet und entwickelt werden muß, damit auch solche Erlebnisse mitteilbar werden, damit also „das Wunder der tiefen Kommunikation geschehen kann".

An zwei Bedingungen aber ist die Mitteilbarkeit der Gipfel-Erlebnisse gebunden. Es ist nicht möglich, einem Menschen, der noch niemals eine solche Erfahrung gemacht hat – aber gibt es einen solchen Menschen überhaupt? – ihr Wesentliches, den Kern und das Besondere – ihr Aroma sozusagen – mitzuteilen? Zunächst und zuallererst muß der Einzelne diese Erfahrung selbst durchlebt haben; erst dann kann man mit ihm über ihre spezifische Qualität sprechen. Eine ähnliche Erklärung gab auch der heilige Johannes. Daher eben kann man diese Erfahrung auch nicht in direktem Verfahren lehren, wie eine grammatische Regel zum Beispiel. Man muß vielmehr damit rechnen, daß der andere verständnislos bleibt.

Es geht einem dann wie dem Jeremias, der, nachdem Gott zu ihm geredet hatte, nur stammelnd zu äußern wußte: a, a, a!

So setzt das Sprechen über Gipfel-Erlebnisse immer die Ur- und Initiationserfahrung beim anderen voraus. Angesichts der

Häufigkeit und Intensität solcher Erlebnisse, daß sie uns wie ein Licht ständig begleiten, um unsere Welt zu erleuchten, scheint dies jedoch kein großes Hindernis zu sein. Wie wir sehen werden, gibt es außerdem Möglichkeiten der Anregung, des Hervorlockens solcher Erlebnisse beim anderen.

Maslow gibt in dem gegebenen Zitat viele Hinweise, aber einem wollen wir besonders unsere Aufmerksamkeit schenken. Die zweite und schwierigere Bedingung für die Vermittlung ist nämlich, *die angemessene Sprache zu finden.*

Der von Liebe Ergriffene weiß um diese Schwierigkeit am besten; er „kann ein Lied davon singen". Er klagt vielleicht wie Moses über seine schwere Zunge und wünscht im Stillen, seine Geliebte möchte seine Gefühle für sie – wortlos erraten können. Bisweilen aber verfällt der so brennend-leidenschaftlich Liebende auf die erlösende Idee, seinen Gefühlen ein angemessenes und zu ihnen passendes sprachliches Gefäß zu schaffen; zum Beispiel sucht er kostbare, wundervolle Worte wie Perlen zu einem Gedicht zusammenzusetzen. Diesen Weg empfiehlt auch Maslow. Dem außergewöhnlichen Inhalt muß eine ebenso außergewöhnliche Sprache zubereitet werden, damit der Inhalt kommunizierbar wird.

Die modernen Kommunikationstheoretiker entdecken dieses Problem wieder und nennen diese gesuchte Sprache „analoge Kommunikation" im Gegensatz zur digitalen Sprache. Man kann entweder etwas durch eine Analogie darstellen, wie zum Beispiel einen Kummer durch einen tiefen Seufzer *oder* durch einen treffenden Namen. Hier wird eine uralte Erkenntnis – man findet sie bereits bei Plato – wiederentdeckt und für ahistorische Gemüter neu aufbereitet. Der Autor Watzlawick weist darauf hin, daß die analoge Kommunikation tief in der menschlichen Beziehung begründet ist[36]. Das von Jeremias gezeigte Stottern ist so erklärlich: Ihm verschlug es die ihm sonst zur Verfügung stehende Sprache in der Beziehung zu seinen Zuhörern, die eben daraus zwar nicht den Inhalt von Gottes Rede, wohl aber die Übermächtigkeit des Erlebnisses der Begegnung mit ihm entnehmen konnten.

In Übereinstimmung mit diesen Erkenntnissen erwähnt hier Maslow das Hilfsmittel der metaphorischen Sprache. Eine Metapher ist ja der Ersatz eines Vorstellungsausdrucks durch einen mehr oder weniger bildhaften anderen: „Meine Liebe brennt wie Feuer so heiß." Der Psychologe Heinz Werner, an den Maslow zu recht in diesem Zusammenhang erinnert, denn er hat die grundlegenden Forschungen hierzu durchgeführt, hat auf die Bedeutungen und Kräfte unserer Sprache verwiesen, die weit über die bloße Begrifflichkeit und Funktionalität hinausgehen. Er nannte sie *physiognomische* oder *Ausdruckssprache.* Sie ist unsere ursprüngliche Sprache, reich an Möglichkeiten, ja unausschöpflich und wie ein Quellgrund, aus dem die magere Begriffssprache sich als nur *eine* Möglichkeit der Vermittlung herausgearbeitet hat. „Ist die gesamte Weltansicht primär ausdrucksmäßig gesetzt, dann entspricht ihr auch eine Sprache, die in einem physiognomischen Sinn produziert und verstanden wird. Mit der zunehmenden Theoretisierung und Technisierung der menschlichen Welt werden Sinn und Funktion der Sprache gewandelt, wird die Sprache des Ausdrucks zur Begriffssprache. In einer Welt des Ausdrucks hat die Sprache ein unmittelbares Verhältnis zur Welt der Dinge, denn im letzten Grunde gibt es hier nur eine Realität und das ist die Realität ausdrucktragender Gegenständlichkeiten."[37]

Mit dieser Ausdruckssprache aber sind Erfahrungen mitteilbar, die wie die Gipfel-Erlebnisse jeden Erlebnisrahmen sprengen. Es ist die Sprache der Poeten und Rhapsoden, also der fahrenden Sänger alter Zeiten, die viel Ungewöhnliches von ihren Reisen zu berichten wußten. Es ist für den Dichter das Alltagsgeschäft seiner Existenz, neue Lebenserfahrungen für uns zu erschließen und eben dafür auch neue Sprachformen zu schaffen; dabei pflegt er auf diese ursprüngliche Ausdruckssprache zurückzugreifen. Leider vergessen wir diese Sprache nur zu leicht und müssen daher immer wieder auf sie als den Urgrund aller Sprache und alles Sprechens hingewiesen werden.

Als Illustration sei ein Beispiel dafür gegeben, wie das Gipfel-Erlebnis einer großen Liebe einen Dichter nicht nur zu einer veränderten Sicht der Welt und der Natur brachte, zum „göttlich stillen ehren", wie er es nennt, sondern ihm auch die besondere, für diese, sein Dasein illuminierende Erfahrung angemessene Sprache eingab:

Geh unter, schöne Sonne

Geh unter, schöne Sonne, sie achteten
  Nur wenig dein, sie kannten dich, Heilge, nicht,
    Denn mühelos und stille bist du
      Über den Mühsamen aufgegangen.

Mir gehst du freundlich unter und auf, o Licht,
  Und wohl erkennt mein Auge dich, herrliches!
    Denn göttlich stille ehren lernt ich,
      Da Diotima den Sinn mir heilte.

O du, des Himmels Botin, wie lauscht ich dir!
  Dir, Diotima! Liebe! wie sah von dir
    Zum goldnen Tage dieses Auge
      Staunend und dankend empor. Da rauschten

Lebendiger die Quellen, es atmeten
  Der dunkeln Erde Blüten mich liebend an,
    Und lächelnd über Silberwolken
      Neigte sich segnend herab der Äther.

Der Dichter Hölderlin zeigt hier, wie ein ganz alltäglicher Vorgang, der Auf- und Untergang der Sonne, durch das Erlebnis seiner Liebe zu Diotima sich in seiner Wahrnehmung und Bedeutung wandelt[38]. Und in metaphorischen, in Bilder übertragenen Ausdrücken wird diese Gipfel-Erfahrung mitgeteilt, in der das Leben in einer großen Steigerung erscheint: Wie ein Mensch zeigt sich das Sonnenlicht freundlich, der Tag ist golden, und der Dichter weckt in uns mit diesem Wort auch alle Ausdrucksbedeutungen wie feurig, rotgelb, wertvoll, warm usw. Die Blüten atmen den Mensch an und sind ihm auf diese Weise nahe wie liebende Freunde. Ebenso lächelt der Äther herab und drückt so seine Freude über das Dasein des Menschen aus.

Alles aber ist *Botschaft*, die der Dichter selbst von seiner Geliebten, der Botin des Himmels, erhalten hat. Das Gedicht zeigt, wie in der Liebe die Freude des Lebens nicht nur empfangen, sondern zugleich auch weitergegeben, weitergeschenkt wird. In der Liebe geschieht die Mitteilung des Lebensgeheimnisses, der der Dichter lauscht; dieses wiederum drängt durch seine Schönheit und Größe selbst zum Ausdruck, um von dem lebendigeren Rauschen der Quellen zu künden. Der Himmel gebietet also, daß wir nicht schweigen, sondern auf geheimnisdeutende Worte lauschen, um dann selbst durch unsere Mitteilung und unser Preislied zur Vergrößerung des Glücks und der Freude, zur Lebenssteigerung also, beizutragen.

7.
Gefahren der Höhe

> Wenn man von Faltern liest, von Schilf und Immen,
> daß sich darauf ein schöner Sommer wiegt,
> dann fragt man sich, ob diese Glücke stimmen
> und nicht dahinter eine Täuschung liegt ...
>
> *G. Benn*

Durch das mittelalterliche Tor ziehen sie ein. Es ist, als würden von nun an sie die Führung der Stadt übernehmen. Alle warteten schon seit Stunden auf ihre neuen Herren. Die Menschentrauben drängen sich in den Fenstern, Häusereingängen und auf den Straßen. Vorneweg die Peitschenschwinger. Sie schlagen und knallen die Menge zur Seite und bereiten den Nachfolgenden eine Gasse. Hinter ihnen formieren sich die vielen Gruppen der Narren, die Kobolde und Hexen, immer wieder abgegrenzt von Musikkapellen.

Die ganze Stadt steht Kopf. Sogar die kleinen Kinder laufen mit Knollennasen, dickem Rouge auf den Gesichtern und Pumphosen herum, auch sie angesteckt von der allgemeinen Lockerung der Sitten. Zentnerweise rieselt Konfetti hernieder, und Fähnchenbänder sind so dicht von Haus zu Haus gespannt, daß man kaum die Giebel sehen kann. Die sonst von biederem Bürgersinn geprägte und in den Grenzen der Ruhe und Ehrbarkeit gehaltene Stadt hat alle Hemmungen abgeworfen und jauchzt und tanzt in einem Taumel der Lust und der Freude. Der Fremde, der diesen Ort nur in seinen stillen Zeiten kennengelernt hat, traut seinen Augen nicht; eine Verwandlung ging vor sich, die alle, aber auch alle mitgerissen hat.

Der Fasnachtszug nähert sich dem Ende. Nun eilt alles in die Wirtshäuser. Die Fröhlichkeit verlagert sich nach innen. Die Tische bersten, und mit ohrenbetäubendem Lärm heizen die herumflanierenden Blaskapellen die Stimmung an; die vielgeliebten Schalmeien betreten das Gastzimmer und steigern sie noch. Niemals reißt die Kette der Musikanten ab.

Wie wenn Gott Bacchus persönlich mit seinem Thyrsusstab die Stadt berührt hätte, mit einem Schlage eben, hat sich alles verändert. Das Unterste wird zuoberst gekehrt. Suchte man jemanden, man fände ihn nicht. Die Menschen haben sich verkleidet, geschminkt und maskiert und ihr übliches Gesicht und Aussehen und damit auch ihre sie sonst kontrollierende, regulierende und ordnende Alltagsrolle abgeworfen. Was sonst verboten ist, ist jetzt erlaubt, ja sogar geboten. Ich sehe, wie Narren die Häuserfassaden erklimmen; denn man betritt die Wohnung nicht mehr wie gewohnt durch die Tür. Eine Persönlichkeit höheren Standes, so wird mir zugeflüstert, springe als Wilddieb durch die Gassen und erschrecke unerkannt die Zuschauer. Ein Landstreicher mit einer Blume am Hut – sonst ein stiller Zeitgenosse – möchte alles übertrumpfen und gibt sich dazu dem selbsterzeugten Scheppern eines Schellenbaums hin. Das Fest schäumt über, und jeder gibt sein Bestes, um immer noch eine Steigerung zu bieten.

Vor allem die üblichen Grenzen gelten nicht mehr; was früher die Stadt bestimmte und regierte, wird nun verspottet, und mit Büttenreden voller Witz und Schalk geht man aller falschen Würde, aller Unechtheit und Anmaßung zu Leibe. Die Stadt hat sich zu einer fesselsprengenden Befreiung angeschickt. Alles, was sonst trennte, findet nun wie auf geheimnisvoll verabredete Weise zusammen. Man singt in einem großen Reigen der Verbundenheit und dankt in trunkener Gehobenheit für die Befreiung von der Bürde aller Zwänge.

Mit Übermut und Überschwang wurden zu allen Zeiten Feste gefeiert. „Das Fest konstituiert immer eine soziale Ausnahmesituation", belehrt uns der Festforscher Klauser, „in der vieles gestattet und gefordert wird, was unter normalen Umständen den Frieden oder sogar den Bestand der Gesellschaft gefährden würde. Das zeigt sich an den bei vielen Festen im Ritual vorgesehenen Spott- und Scheltreden, an der gelegentlich vorgesehenen Umkehrung des Verhältnisses zwischen Herren und Sklaven oder Männern und Frauen, an der gleichfalls nicht selten zu beobachtenden Durchbrechung im Alltag geltender Regeln für das sexuelle Leben."[39]

Das Fest und sein Gefühlsausdruck, die Festesfreude, befreien von Zwängen, in erster Linie von sozialen, von außen auferlegten Zwängen. Es hat emanzipatorische Wirkung. Es schiebt die Schranken *um uns* beiseite.

Es öffnet aber auch Schranken *in uns.*

Es verwandelt uns, und es ist nicht zu begreifen, warum die Heilkraft der Gipfel-Erlebnisse den modernen Seelenärzten, die allesamt auf den unterschiedlichsten Wegen den Menschen aus dem Tief seiner Existenz, aus seiner Krise und Depression holen wollen, ganz entgangen ist. Maslow berichtet von seiner Erfahrung, daß „für einige Menschen Gipfel-Erlebnisse höchst therapeutische Wirkung hatten und für andere sich ihre ganze Weltsicht durch einen großen Augenblick der Einsicht, der Inspiration oder Verwandlung für immer veränderte. Das ist leicht zu verstehen. Es ist, als sei man für einen Augenblick im Himmel gewesen und erinnere sich dann in trüben Augenblikken des gewöhnlichen Lebens daran." Die Ausnahmesituation, in der sich uns das Leben von seiner besten Seite zeigt, kann uns eine langanhaltende Neuorientierung ermöglichen. Dann zeigen sich neue Durchblicke, wo bisher nur Hindernisse und dunkle Winkel waren; was bisher übersehen wurde, erhält neuen Wert.

Hier lauern aber auch Gefahren. Unsere angstbindenden Gewohnheiten zerbrechen, und wir setzen uns in aller Empfindlichkeit neuen und ganz unbekannten Horizonten aus. Die Ankunft auf dem Gipfel, der Gefühlsdurchbruch also, kann all unsere bisher erfolgreichen Lebenssicherungen zerstören und uns in der Tiefe unserer Existenz angreifen. „Die Entrückung ist freilich immer auch eine Erschütterung des durchschnittlichen, ‚normalen' Weltverhältnisses" (Pieper). Wir unterbrechen nicht nur die Reihe der immer gleichen Tage durch das Fest, sondern gleichzeitig setzen wir sie einer Kritik aus, ob wir in ihnen richtig und so, wie es uns als einzelnen aufgegeben ist, gelebt haben oder ob diese Zeit verfehlt war. Zu allen Zeiten ist vor diesem Verlust der Kontrolle im Erlebnis großer Freude und den möglichen Gefahren gewarnt worden. Wir stellen ja dann das Übliche, ‚Normale', sonst Gültige in Frage und überantworten uns einem anderen, höheren, erfreulicheren und lustvolleren Sein.

Es gibt eine Derwisch-Geschichte in den Arabischen Nächten, die Chance und Risiko beleuchtet[40].

Ein Fischer hatte mit seinem Netz eine Flasche aus dem Meer gezogen. Er öffnete sie, und ein Jinn (Geist) sprang heraus, der ihn vernichten wollte. Der Fischer verstand es aber, den Jinn zu überlisten, und er verschwand wieder in der Flasche. Als er sich wieder in der Flasche befand, ergriff der Fischer die Flasche und schleuderte sie wieder in das Meer zurück. Nach einiger Zeit holte der Enkel dieses Mannes, der auch ein Fischer war, dieselbe Flasche mit seinem Netz aus dem Wasser. Als er sie öffnen wollte, kam ihm plötzlich ein Rat in den Sinn, der in seiner Familie galt. Er lautete: „Der Mensch kann nur anwenden, was er gelernt hat anzuwenden." Aber der Jinn war durch das Rütteln der Flasche aufgewacht und wollte herausgelassen werden. Er brüstete sich, er sei der Jinnoberste und kenne viele wichtige Geheimnisse. Der Fischer aber ging zu einem weisen Mann und berichtete ihm sein Erlebnis. Der aber warnte seinen Besucher; zwar habe der Jinn ihm alles mögliche versprochen – Goldberge und Smaragdseen –, aber wer garantiere ihm denn, daß er es ihm auch wirklich beschaffen könne. „Abgesehen davon, was dich befallen könnte, wenn du solche Dinge hättest, da ‚der Mensch nur anwenden kann, was er gelernt hat anzuwenden'." Auf die ratlose Frage, was er denn nun machen solle, antwortete der Weise, er solle vom Jinn eine Probe verlangen und wenn er sie bekommen habe, solle er sie sich erhalten und immer wieder überprüfen. Vor allem aber solle er Wissen zu erlangen suchen und nicht Besitz.

Der junge Mann verließ den Weisen und ging wieder zurück zur Höhle, in der er den Jinn gelassen hatte. Auf diesem Weg aber entwickelte er seinen Plan.

Er pochte an die Flasche, und die Stimme des Jinns erklang gedämpft durch das Metall, aber immer noch furchterregend: „Im Namen Salomons des Weisen, mit dem Friede sein möge, befreie mich, oh, Sohn Adams!"

„Ich glaube nicht, daß du derjenige bist, für den du dich ausgibst,

und daß du die Kräfte hast, von denen du erzählst", antwortete der junge Mann.

„Mir nicht glauben! Weißt du nicht, daß ich nicht lügen kann?" brüllte der Jinn zurück.

„Nein, weiß ich nicht", antwortete der Fischer.

„Wie kann ich dich dann überzeugen?"

„Indem du mir ein Beispiel für deine Fähigkeiten gibst. Kannst du irgendeine Kraft durch die Wände der Flasche schicken?"

„Ja", gab der Jinn zu, „aber ich kann mich durch diese Kräfte nicht befreien."

„Sehr gut, dann befähige mich, die Wahrheit des Problems zu erkennen, das mich gerade beschäftigt."

Im selben Augenblick, als der Jinn seine seltsame Kraft aussandte, erkannte der Fischer den Ursprung des Sprichwortes, das durch seinen Großvater weitergegeben wurde. Er sah auch, wie der Jinn aus der Flasche befreit wurde; und er erkannte auch, wie er anderen dazu verhelfen konnte, solche Befähigungen dem Jinn abzuverlangen. Jedoch erkannte er auch, daß er nicht mehr als das tun konnte. Darum ergriff der Fischer die Flasche und schleuderte sie, wie sein Großvater, in das Meer.

Den Rest seines Lebens verbrachte er nicht als Fischer, sondern als Mensch, der den anderen zu erklären versuchte, wie gefährlich es sei, „anzuwenden zu suchen, was man nicht gelernt hat anzuwenden".

Diese Geschichte erklärt, wie eine religiöse ‚Lehre' entsteht, und das Zitat beschreibt den speziellen Moment der göttlichen Eingebung, der Inspiration mit den ihn begleitenden Schwierigkeiten.

Psychologen haben im Hinblick auf diese Derwisch-Fabel auf die Gefahren hingewiesen, die aus der Lockerung der Selbstkontrolle, aus der Überantwortung des Ich an die Mächte des Unbewußten entstehen können[41]. Ohne Zweifel – und in einer Zeit der Hochblüte der Meditationstechniken, die das Glück der Ruhe in der Selbstaufgabe sucht, muß daran erinnert werden – gibt es die Gefahr der Überschwemmung der Person durch ungezügelte und verwirrende seelische Antriebe. Der auf- und ausbrechende Geist kann anstatt zu einem weisen

Mann wie in der Derwisch-Geschichte auch in die Sprechstunde des Psychiaters führen.

Von den Bacchanten der Fasnacht weiß man, daß sie nach Tagen der Verwirrung und Desorientierung nur allmählich und unter Aufbietung der verschiedensten Hilfsmittel wieder zu sich selbst finden.

Maslow erwähnt, daß seiner Erfahrung nach besonders zu einer rationalistischen Haltung neigende Menschen, also Verstandesmenschen mit einer sehr engen Einstellung zur Welt und einer sehr bewußten Selbstzucht und Selbstkontrolle, einen Horror vor der Öffnung der Schleusen zur Gefühlswelt haben. Sie lehnen Gipfel-Erlebnisse rundweg ab und übertreiben die möglichen Gefahren. Er deutete diese Haltung als Verteidigung gegen das Überflutetwerden von Emotionen, von Irrationalität, Verlust der Kontrolle, unlogischer Zärtlichkeit, gefährlicher Weiblichkeit oder der Furcht vor dem Verrücktwerden. „Man findet solche Haltungen häufiger bei Ingenieuren, Mathematikern, analytisch orientierten Philosophen, bei Buchhaltern und Steuerfachleuten und allgemein bei zwanghaften Menschen."

Ob diese erwähnten Berufsgruppen tatsächlich zu dieser Haltung neigen, bleibe dahingestellt; sicher ist jedoch, daß die einseitige Überzüchtung des bloßen Verstandes zur Mißbilligung von Erlebnissen des Gefühlsglücks, wie es Gipfel-Erlebnisse sind, und zur Flucht vor ihnen aus Furcht vor ihnen führt. In der Tat gehört die rationalistische Haltung zu den Ekstase-Tötern und Fest-Verneinern.

Allen Argumenten dieser im Grunde unfröhlichen Menschen zum Trotz muß aber eine zweite, auch in der Derwisch-Geschichte enthaltene Einsicht als wirklich lebensangemessen bezeichnet und beachtet werden. Sie will zwar vor dem Verlust der Kontrolle warnen; sie rät aber keineswegs zur gänzlichen Vermeidung der zeitweiligen Gefühlsherrschaft im Gipfel-Erlebnis, sondern weist uns auf unsere *unbegrenzte Fähigkeit zu lernen* hin. Nicht die radikale Ablehnung der auch übersteigerten Freude und Leidenschaft ist des Rätsels Lösung, sondern *das Lernen des rechten Umgangs mit ihnen.* Die Weisheit des weisen Alten besteht aber darin, daß er den jungen Fischer nicht nur mit dieser allgemeinen Lebensregel entläßt, sondern ihm auch die Richtung des ersten Schrittes zeigt: „Mach eine Probe! Danach kannst du besser beurteilen, ob und wie es dir bekommt." Die Probe wird dann die Tragfähigkeit oder – wie die modernen Psychologen zu sagen pflegen – die Belastbarkeit ans Licht bringen. Der Weise empfiehlt also ein Experiment zur Selbsterfahrung.

Die Geschichte enthält aber noch eine weitere Lehre. Sie vermittelt uns die tröstliche Gewißheit, daß derjenige, der sich der Schranken in sich zeitweilig entledigt, um sich der Hochgestimmtheit seiner Gefühle hinzugeben, keine Furcht zu haben braucht. Denn er findet nicht nur die rechten Mittel, um mit dieser neuen Lebenssituation fruchtbringend umgehen zu können; er wird vor allem immer auch zur rechten Zeit einen Menschen treffen, vielleicht sogar einen weisen Alten wie unser Fischer im Märchen, der ihm zeigen kann, wie man gefahrlos mit Geistern umgehen kann und wie man sie sich sogar dienstbar machen kann, ja sogar wie man selbst für andere ein solcher Mensch werden kann.

Verschmähte Gaben

Wenn man über solche ekstatischen Erlebnisse der Freude berichtet – vielleicht im Rahmen eines Vortrags –, kann man die seltsame Erfahrung machen, daß einige Zuhörer angeben, gar nicht zu wissen, wovon eigentlich die Rede ist. Sie geben sich skeptisch, bezeichnen sich zumeist als Realisten und spotten über die Bemühungen des Vortragenden, ein Märchen so zu erzählen, als sei es Wirklichkeit.

Haben sie wirklich keine Gipfel-Erlebnisse? Haben sie diese Erfahrungen nur so selten, daß sie sie gar nicht als solche erkennen und womöglich für eine vorübergehende Verwirrung ihres Geistes halten? Oder haben sie diese Erfahrungen nie gemacht – fühlten sie sich bisher in ihrem Leben nie im Himmel?

Man kann sich in dieser Situation mit der einfachen Feststellung trösten, daß es immer einige Menschen gibt, die so reagieren, wenn man die Grenzen des menschlichen Erlebnisraumes ein wenig weiter ausdehnt. Zum Glück sind es aber nur wenige; der ungläubige Thomas gehörte bekanntlich zu ihnen. Wer so verfährt, übersieht aber, daß hier ein echtes Problem vorliegt.

Andererseits kann man auch die hierzu scheinbar im Widerspruch stehende Erfahrung machen, daß immer dann, wenn man solche Erlebnisse eindringlich zur Sprache bringt, wenn man sie deutlich und farbig beschreibt und vor allem wenn man sie als zur menschlichen Natur gehörig darstellt, andere Menschen mit Erkenntnis und leidenschaftlicher Zustimmung antworten. Sie werfen dann die Hemmungen der Konvention ab, die Ausdrucksarmut und Gefühlskontrolle zur Verhaltensnorm erklärt, und berichten begeistert und selbstvergessen von diesen überraschenden Erlebnissen des Glücks und der Erfüllung.

Hier ist es offenbar ähnlich wie beim Gegenteil, der großen Trauer und Verzweiflung am Leben: Auch darüber können wir am leichtesten sprechen, wenn wir in einladender Weise angeregt und – legitimiert werden. Das eigene Bekenntnis fördert hier das fremde Bekenntnis; denn ein großer Augenblick der Freude ist ein Geschenk, aber es ist eine besondere Leistung, ihn als Geschenk zu erkennen und zu bekennen. Der Psychologe Jourard machte eine Entdeckung, die dieses Problem beleuchtet: Er fand heraus, daß eine psychologische Untersuchung zu ganz anderen Ergebnissen führt, wenn der Versuchsleiter sich ein wenig zu erkennen gibt; wenn er also nicht nur seinen Namen sagt, sondern zum Beispiel etwas aus seinem Leben erzählt. Er nannte diese Öffnung der eigenen Person zum anderen hin ‚Selbstentbergung' und demonstrierte, daß diese Haltung beim anderen wie ein Anreiz wirkt, sich ebenfalls zu erkennen zu geben. Selbstentbergung bewirkt Fremdentbergung[42].

Maslow berichtet von ähnlichen Erfahrungen: „Mit Autorität vorgetragene Zustimmung ‚hebt' für viele Menschen ‚den Dekkel', der auf diesen Erfahrungen liegt. Wann immer ich zum Beispiel meinen Studenten oder anderen Gruppen über diese Gipfel-Erlebnisse einen Vortrag halte, offensichtlich in zustimmender Weise, geschieht es stets, daß bei meinen Zuhörern viele Gipfel-Erlebnisse zu Bewußtsein kommen, zum ersten Mal ‚erinnert' werden oder – wie ich heute zu denken vorziehe

– aufsteigen aus chaotischer, unorganisierter, vorbewußter Erfahrung, um benannt zu werden, Aufmerksamkeit zu erlangen, als ‚Figur' vor dem ‚Hintergrund' zu erscheinen. Mit einem Wort: Die Menschen ‚erkennen' (‚realisieren') oder ‚verstehen' dann, was ihnen widerfahren ist."

Diese Bemerkungen legen die Vermutung nahe, daß wir uns selbst ein wenig tiefer zu verstehen suchen müssen, um die Erlebnisse unseres Glücks überhaupt zu erkennen und von anderen Gefühlen zu unterscheiden. Besonders die in uns aufsteigenden zarten Gefühle der innigen Freude und Erhebung bedürfen der liebevollen Zuwendung, um nicht unbemerkt zu bleiben. Man kann sich für die feinen Andeutungen unseres Inneren sensibilisieren. Im Trubel der erwähnten Fasnacht beobachtete ich, wie ein junger Mann das Amulett am Hals seiner Liebsten mit einem plötzlichen Glanz in den Augen anschaute; ich bin sicher, daß er es zum ersten Mal wirklich sah und zum ersten Mal zu genießen verstand. Ich fragte mich, ob sie dieses Schmuckstück nur zu dem Zwecke angelegt hatte, um ihm die Zartheit seiner eigenen Gefühle bemerkbar zu machen.

Vielleicht ist es dieses Leichte und Stille unserer Glücksgefühle am Grunde unseres Lebens, das manche Menschen ihre Wirklichkeit anzweifeln läßt. „Eine Blume, die sich erschließt, macht keinen Lärm dabei", beginnt Wilhelm Raabe seinen Roman ‚Alte Nester'. „Auf leisen Sohlen wandeln die Schönheit, das wahre Glück und das echte Heldentum. Unbemerkt kommt alles, was Dauer haben wird in dieser wechselnden lärmvollen Welt voll falschen Heldentums, falschen Glücks und unechter Schönheit."

Freude und Glück bergen in sich viele Geheimnisse. Das größte und am schwersten zu begreifende aber ist, warum viele Menschen vom üppig angerichteten Tisch des Lebens gar nicht essen wollen; warum sie Gipfel-Erlebnisse ablehnen, verneinen, aktiv leugnen, verdrängen oder sich vor ihnen fürchten. Seltsam genug – Erfüllung und Glückseligkeit werden keineswegs immer und von jedem willkommen geheißen. Man sollte meinen, daß zumindest diejenigen Menschen, denen es an nichts mangelt, ihr Glück dankbar und demütig zu empfangen vermögen, vielleicht mit dem beschwerenden Gedanken, es angesichts des tragischen Schicksals anderer gar nicht verdient zu haben. Warum, so fragt man sich erstaunt, begegnen Menschen der Freude des Lebens mit so viel Bedenklichkeit, Zweifeln, ja Mißtrauen? Maslow empfand diese Erkenntnis als so bestürzend, daß er annahm, es gäbe Menschen, die nie in ihrem ganzen Leben solche Erlebnisse gehabt hätten, da er sich nicht vorstellen konnte, daß man Gipfel-Erlebnisse *mit voller Absicht* zurückzuweisen gewillt sein kann.

Er fand jedoch schließlich *drei Gründe* für dieses erwartungswidrige Verhalten, die oberflächlich betrachtet sehr unterschiedlich zu sein scheinen.

Da ist einmal die *streng marxistische Haltung zur Welt* zu nennen. Ein Marxist sollte, um Revolutionär bleiben zu können, hart sein; Gipfel-Erlebnisse aber sind für ihn Anzeichen einer persönlichen Schwäche. Wer die Ruhe des wahren Seins erkannt hat, ist aber für den Aktivismus der Revolution verloren. Ein Propagandist dieser Überzeugung war der vor kurzem verstorbene Publizist Arthur Koestler; er vertrat sie sogar, obwohl er beide Welten aus ihrer Innensicht kannte und selbst über solche Erlebnisse aus seinem eigenen Leben mit seiner ihm eigenen prägnanten Sprache berichtet hat. In seinem Essay ‚Der Yogi und der Kommissar' hat er beide Interessenrichtungen beschrieben[43].

Zum anderen ist eine *mechanistisch-naturwissenschaftliche Haltung* diesen Erlebnissen gegenüber feindlich eingestellt. Wer den Menschen im Grunde für eine Maschine hält, wenn auch für eine sehr komplizierte, findet bei ihm keinen Platz für solche Erlebnisse der Freiheit und Befreiung. Zwar hat die moderne Naturwissenschaft diese sehr einfache Vorstellung vom Menschen längst aufgegeben; ohne Zweifel lebt sie als Populärmodell vom Menschen aber weiter. Sie verdankt ihr Überleben wahrscheinlich ihrer Einfachheit. Der Entdecker der Tiefendimensionen des Menschen, Sigmund Freud, der den Höhendimensionen des Lebens bekanntlich sehr mißtrauisch gegenüberstand, war vermutlich in dieser Vorstellung befangen, obwohl diese Zusammenhänge nicht bis ins letzte geklärt sind. Jedenfalls machte er sich in einer Art Generalangriff daran, den Ursprung der Religionen aufzudecken; er fand in ihnen nur eine raffinierte Form von Illusionen der Massen und teilte diesen deprimierenden Befund seinem Dichterfreund Romain Rolland mit. Dieser schreibt ihm einen Antwortbrief, in dem er seine ernsten Zweifel darüber äußert. Daraufhin schrieb Freud mit dem unverkennbaren Unterton des Stolzes: „Die eigentliche Quelle der Religiosität sei ein besonderes Gefühl, das ihn – nämlich Rolland (O. L.) – selbst nie zu verlassen pflege, das er von vielen anderen bestätigt gefunden und bei Millionen Menschen voraussetzen dürfe. Ein Gefühl, das er die Empfindung der ‚Ewigkeit' nennen möchte, ein Gefühl wie von etwas Unbegrenztem, Schrankenlosem, gleichsam ‚Ozeanischem'. Dies Gefühl sei eine rein subjektive Tatsache, kein Glaubenssatz; keine Zusicherung persönlicher Fortdauer knüpfe sich daran, aber es sei die Quelle der religiösen Energie, die von den verschiedenen Kirchen und Religionssystemen gefaßt, in bestimmte Kanäle geleitet und gewiß auch aufgezehrt werde. Nur auf Grund dieses ozeanischen Gefühls dürfe man sich religiös heißen, auch wenn man jeden Glauben und jede Illusion ablehne." Der Stolz kommt dann in dem berühmten Bekenntnis zum Ausdruck: „Ich selbst kann dies ‚ozeanische' Gefühl nicht in mir entdecken."[44] Trotzdem beinhalten seine Bemerkungen eine zutreffende Beschreibung des Gipfel-Erlebnisses.

Daß er dieses Gefühl eben doch genau kannte, nur eben – um in seiner Sprache zu reden – ins Unbewußte verdrängte, davon zeugen seine unvergleichlich schönen Liebesbriefe an seine spätere Frau.

Schließlich lehnt die *Haltung des allgemeinen Pessimismus* diese Erlebnisse ab. Bei Freud, der zudem auch noch ein Pessimist war, hat sie auch eine Rolle gespielt. Gemeint ist nicht die sogenannte endogene Depression, diese zermürbendste aller Gemütskrankheiten, gemeint ist vielmehr der Jedermann-Pessimismus, die Alltags-Schwarzseherei, die suggestive Rede von einer unheilsschwangeren Zukunft und vom sicheren Ende der Welt, also diejenige persönliche Glaubensüberzeugung, die immer nur die schlechten Seiten und das Unglück der Welt in den Vordergrund rückt, die die Welt für prinzipiell unverbesserlich und das menschliche Leben in seinen letzten Zielen für sinnlos hält. Es gibt Intensitätsabstufungen, Schattierungen des Pessimismus; er reicht vom gelegentlichen Schimpfen auf die ‚Verhältnisse' bei sonst ungetrübter Zustimmung zur Welt bis zum selbstmordnahen Gefühl totaler Sinnentleerung der eigenen Existenz. Es gibt ihn sogar als gut verkäufliche Modetorheit, bei der ihre Protagonisten dadurch eine gewisse Selbststilisierung erreichen, daß sie ihre Mitmenschen das Gruseln lehren. Unübersehbar und aufdringlich ist auch eine ganze Literaturproduktion, deren Autoren stilistisch nicht zu reüssieren vermögen, diesen Mangel an ästhetischer Überzeugungskraft jedoch dadurch zu kompensieren versuchen, daß sie in düsteren Farben drohende Menetekel an unsere Wohnungen malen. Dieses bionegative Gefühl des Pessimismus legt sich wie ein Schleier über all unsere Freude, dämpft unsere beschwingte Lebensstimmung und läßt uns im Zustand dumpfer und schmerzlicher Betäubung zurück. Er lehnt selbstverständlich auch das Fest des Lebens ab; er ist unfähig, sich selbst ein solches zu bereiten und hält denjenigen, dem beständig die Engel durch das Dasein tanzen und dem es „wie ein ewiger Sonntag im Gemüt" – wie Eichendorff seinen Taugenichts charakterisiert –, für einen unverantwortlichen Leichtfuß.

So verschieden diese Haltungen auch erscheinen, ist ihnen doch etwas gemeinsam: Sie entspringen einer übersteigerten Egozentrik des Menschen und einer maßlosen Überschätzung seiner Fähigkeit, das Phänomen Leben im ganzen beurteilen zu können. Sie sind Wiederbelebungsversuche der alten Irrlehre, daß der Mensch das Maß aller Dinge sei. Die Freude des Lebens hat aber ihren Grund gerade in der Erkenntnis von der Relativität und Kleinheit des Menschen, dem aber zum Beispiel in Momenten eines Gipfel-Erlebnisses die Gnade zuteil werden kann, die Aufhebung aller kleinlichen Maßstäbe zu erleben und gleichzeitig mit unmittelbarer Gewißheit das tröstliche Glück der *Aufgehobenheit* im großen Ganzen der göttlichen Schöpfung zu erkennen.

Von der Fasnacht kehrte ich heim mit der Erkenntnis, daß die Narren diesem Glück zu huldigen wissen; sie verschmähen die Gaben nicht und propagieren sogar das Lachen als der Hoffnung letzte Waffe.

8.
Von der Überwindung der Schwerkraft

> Tanzen bedeutet buchstäblich,
> mit dem Körper denken.
>
> *H. Cox*

Über Freude, Fest und Glück kann man nicht ‚sachlich', ungerührt und unbeteiligt schreiben. Man muß sich selbst dreingeben, persönlich werden; denn hier geht es um die Erkundung der menschlichen Natur selbst. Wir wollen unsere Grenzen übersteigen, uns aussetzen und in ungesicherten, aber fruchtbaren Gebieten unsere Erkenntnisse sammeln, wo das Übliche – Norm und Regel, Konventionen und alltägliche Erwartungen – zu wanken beginnen und die Horizonte verschwimmen. Dazu bedarf es eines besonderen Standortes und besonderer Augen.

Ob diese Eröffnung des Schreins des ganz Individuellen, des Geheimsten, des Innersten einem Wissenschaftler überhaupt erlaubt ist – diese Frage hat Maslow exemplarisch für uns alle beantwortet: Es *ist* erlaubt, und zwar ohne daß man Schuldgefühle erwarten müßte. Denn der Wissenschaftler hat die Aufgabe und Pflicht, auf vorgeschobenem Posten zu arbeiten, da, wo die Grenzen fließend werden.

So berichte ich von einer Kindheitserinnerung, die tief in den Kammern meiner Seele ruht und ab und zu die Türen öffnet, um mich mit Seligkeit und Wonne zu beschenken. Ich schließe die Augen und gleite hinüber in das Märchenland meiner Kindheit. Es war einmal – ein milder Frühlingsabend.

Die Bäume haben erst vor wenigen Tagen ausgeschlagen und durch die dünnen hellgrünen, noch von Geburtsfrische klebrigen Blätter schimmert das letzte Licht des Tages. Die Wipfel bewegen sich, so daß es einem beim Hinaufschauen schwindelt, wenn die großen Äste ineinandergreifen und das Holz knackt und ächzt. Die weit auseinanderstehenden Buchen geben den

Blick frei bis dorthin zu den verstreut liegenden Bauernhöfen, wo hie und da bereits die Lampe angezündet wird. Diese Häuser wagen sich nicht hoch hinaus, sie klammern sich duckend an die Erde fest, mit ihren schweren Reetdächern. Und wenn man ein wenig sucht, findet man auch die Silhouette des Forsthauses, unseres Hauses, das anders gebaut ist. Es sticht gegen diese bodenschweren Höfe ab, reckt sich ein wenig hoch, ist im übrigen weiß gestrichen im Gegensatz zu diesen dunkleren Gebäuden.

Vor uns der weiche Waldboden: der Weg nach Hause. Er geht neben mir, murmelt vor sich hin. Er schwankt, fällt in die Schritte und legt bisweilen sich stützend die Hand auf meine Schulter: mein geliebter Vater.

Diesen hier sandigen Waldweg, der vor dem Wiesenrand in lehmige Festigkeit übergeht, kennen wir mit allen seinen Unebenheiten, eingeschnittenen Radspuren und feuchten Stellen sehr genau; das heißt, er kennt ihn außergewöhnlich gut. Er bewegt sich hier wie ein Tier des Waldes, hat sich als Förster dieser Welt des Dämmerlichtes und der nickenden Blumen angepaßt. Worte wechseln wir nicht. Bisweilen bleibt er stehen, wankt – er ist berauscht –, kneift die Augen zusammen und schaut verzückt in das grüne Blätterdach. Ich sehe seitlich seine Bürstenhaare, die kurz und schon ergraut sind, und höre, wie er schnaufend meinen Kosenamen vor sich hinflüstert. Dann strafft sich seine kleine Gestalt, und er beginnt plötzlich zu singen.

Obwohl die Intonation zu wünschen übrig läßt – es ist immer fortissimo – und man es weithin hören kann, stört es mich nicht, im Gegenteil. Dieser Gesang gehört zu ihm; er ist ohne ihn für mich nicht denkbar. Es ist ein strammes Marschlied, das von Sturm- und Wetternacht berichtet, wo nur der wilde Falke des einsamen Jägers Gesell ist. „Ich sah den Freund dahingestreckt vom wilden Keilerzahn ..." Ich erinnere mich an den Text nur ungenau, nur diese Mischung der Gefühle ist in mir unauslöschlich erhalten geblieben: die klirrende Härte des Försterlebens und die Zartheit schmachtender Liebe. Und wenn die Strophe jeweils ans Ende kommt, erklingt aus dem Munde meines Vaters das mächtige Wort *Liebe.* Wie ein aufforderndes

Signal, das sich ständig wiederholt, schallt es in den Wald hinein.

Wenn ihn der Gesang und das Nachsinnen über die Worte, die ihm entfallen sind, zu sehr anstrengen, wechselt er die Szene: *er beginnt zu tanzen.* Er hebt seine gamaschenbewickelten Beine, dreht seinen kleinen Körper herum, zuerst langsam, dann mit Schwung. Ab und zu wechselt er den Takt und schlägt sich mit der Hand auf die Knie. Meistens reckt er dabei seine Hände in die Höhe, wie um Gott und seinen Waldhimmel zu preisen. Nach zwischenzeitlicher Stummheit fallen ihm nun auch die Strophen wieder ein, er reißt die inzwischen geschlossenen Augen weit auf und ruft mir wie im Triumph zu: Krakowiak! Er glaubt als Mensch aus dem Osten, ständig nur diesen Tanz zu tanzen. Und ich sehe ihn dort mitten auf dem Waldweg hüpfen und springen, und wie ein inneres Leuchten durchfährt mich der Gedanke, daß mein Vater ein glücklicher Mensch sein müsse – jedenfalls in diesem Moment.

Ich öffne die Augen.

Die Zeiten sind dahingegangen, und er hat sein Grab unter einer Buche gefunden, die ihre weitausladenden Äste schützend über ihn hält. Sein Tanz aber ist mir in allen Einzelheiten in Erinnerung geblieben, so genau, daß ich ihn mir jederzeit zurückrufen kann. In den späteren Jahren meines Lebens habe ich mir häufig die Frage gestellt, was dieser Tanz aufs Ganze seiner Existenz gesehen zu bedeuten hatte und was er mir auf diese temperamentvolle, laute und jauchzende Weise vermitteln wollte.

Die Botschaft des Tanzes

Da ich die Frage nicht beantworten konnte, genoß ich nur die mich mit warmer Zuversicht erfüllende Erinnerung und ließ die mögliche Bedeutung dieses Erlebnisses auf sich beruhen.

Da kam mir ein Buch in die Hände, in dem der Tanz eines sonderbaren Mannes beschrieben wird, der ein Draufgänger, Frauenheld und Lebenskünstler ist, ein ungebildeter, aber lebenslustiger Mensch, mutig, unerschrocken und leidensfähig zugleich. Er begegnet einem ‚Tintenkleckser', einem Literaten und Schriftsteller, der an seiner erbarmungswürdigen Blutleere leidet. Beide lernen sich kennen und brüderlich lieben, obwohl der eine der Chef des anderen ist. Sie wollen gemeinsam ein Werk schaffen, versuchen auch vieles; was aber auch immer sie in Angriff nehmen, es mißrät.

Der Schriftsteller fordert eines Tages nach einem weiteren Mißerfolg, der beinahe ihren Ruin bedeutet, seinen rauhbeinigen Freund, Alexis Sorbas, am kretischen Strand auf, ihn das Tanzen zu lehren, jedoch das richtige Tanzen – das Tanzen ohne konventionelle Formeln und Regeln. Der Dichter, Nikos Kazantzakis, selbst ein Kreter, beschreibt nun diese Lektion in Leben, Tanz und Taumel in einer unvergeßlichen Passage, die für mich wie eine Illumination, wie die lang erwartete Antwort auf die genannte Frage ist.

„Komm, Sorbas!" rief ich. „Lehre mich tanzen!"

Begeistert sprang er auf, sein Gesicht strahlte.

„Tanzen, Chef? Tanzen? Dann komm!"

„Los, Sorbas! Mein Leben hat sich gewandelt!"

„Ich werde dir zuerst den Seimbebiko beibringen, einen wilden, kriegerischen Tanz. Wir Komitadschis tanzten ihn vor der Schlacht."

Er entledigte sich seiner Schuhe, zog die blauen Strümpfe aus und behielt nur sein Hemd an. Doch auch das war ihm noch zu warm, und er warf es ab.

„Schau auf meinen Fuß, Chef!" kommandierte er. „Paß auf!"

Und nun beginnt dieser archaische Tanzmeister, dieser Ausbund an Kraft und Lebensfreude seinen Anschauungsunterricht. Der verklemmte Intellektuelle wird schließlich in diesen alles mitreißenden Wirbel hineingezogen: „Mein Herz ließ sich wie ein Vogel los."

Mitten im stampfenden Rhythmus des griechischen Tanzes schreit ihm der nackte Sorbas zu, was ihm auf der Seele liegt und wessen sein Herz voll ist, nämlich daß er ihn unendlich liebe, daß er ihm so viel zu sagen habe, „aber meine Zunge schafft es nicht". Der Tanz ist seine Sprache, durch ihn teilt er sein unbändiges Glück mit, es fließt gleichsam über, ergreift die zweifelnde Seele seines Freundes und fegt seinen Kleinmut hinweg.

Vor dem weiten blauen Himmel der kretischen Landschaft verwandelt sich Sorbas für den Dichter, er wird zu einem aufbegehrenden Engel, der aus der Sphäre einer verborgenen Wirklichkeit gekommen zu sein scheint. Er wird ihm zum Anwalt, Herold und Künder des unbegreiflichen Überflusses des Lebens und seiner allesdurchglühenden Liebe.

„Er tat einen Sprung, seine Hände und Füße wuchsen zu Flügeln. Wie er so über den Boden schwebte, vor diesem Hintergrund von Himmel und Meer, kam er mir wie ein alter Erzengel vor, der sich empört. Denn dieser Tanz war eine Herausforderung, Trotz und Revolte. Als hätte er sagen wollen: Was kannst du mir antun, Allmächtiger? Nichts, außer, daß du mich tötest. Töte mich! Ich lache dazu. Ich habe meine Galle entleert! Ich habe gesagt, was ich sagen wollte: ich habe die Zeit gehabt zu tanzen, und ich bedarf deiner nicht mehr!“[45]

Auch für ihn, meinen Vater, der zwei Weltkriege im aktiven Militärdienst überstanden hatte, war das Leben keine harmonische Idylle. Es schloß sich für ihn nicht sinnvoll zusammen, es mutete ihn als ganzes widersprüchlich an. Er lebte es als Wagnis, wanderte ständig im Unsicheren und Ungeschützten und fühlte sich feindlichen Mächten ausgeliefert.

Aber er hatte seinen Tanz, in dem er die dunklen Gewalten herausforderte und trotzig gegen sie revoltierte. Durch ihn konnte er seine Fesseln abschütteln – sich befreien. Wenn er dabei die Augen schloß, blickte er nach innen, in die unermeßlich schönen Räume des Paradieses. Dann überwand er seine Zwiespältigkeit, wurde eins mit sich, bog die auseinanderstrebenden Seiten seiner widerspenstigen Natur für kurze Zeit zu einem kostbaren Ring zusammen. Und mir, dem bewundernden Zuschauer eines Menschen, der auf so eigensinnige und eigenwillige Weise zugleich mit dem Leben fertigzuwerden versuchte, ging es wie Sorbas' Freund:

„Als ich Sorbas so tanzen sah, begriff ich zum erstenmal den schimärischen Drang des Menschen, die Schwerkraft zu überwinden. Ich bewunderte seine Ausdauer, seine Behendigkeit, seinen Stolz. Sorbas' wirbelnde und gewandte Füße schrieben die dämonische Geschichte des Menschen in den Kies."

In diesen Augenblicken besiegte auch mein Vater seine enge Naturgebundenheit, seine Schwächen und seine Bitterkeit – eben seine ‚Schwerkraft'.

Auf diese Weise bereitete er sich einen festlichen Augenblick und ließ mich durch seine offene Preisgabe daran teilhaben.

Minerva-Erlebnisse

Wenn ich wachliege und ungestört von den Anforderungen des Arbeitstages und abgeschirmt von den Tagesgeräuschen meinen Gedanken nachhänge, tauchen in mir aus weiten Fernen kommend solche und ähnliche Erinnerungen aus meiner Kindheit und Jugend auf, stets umgeben von einem zaubrischen Glanz. Ich reite da auf dem nackten Rücken meines Vaters durch ein Unwetter, beobachte meine Mutter, wie sie die vorweihnachtlichen braunen und weißen Kuchen backt und bin selig, als ich die kleinen fingergroßen geschnitzten und mit Blumen bemalten Holzschuhe, die meine Geschwister von einer Harzreise mitbrachten, in einer Schachtel aufbewahren darf. Ich sehe die lustigen Wimpel an ihren Fahrrädern, die flatternden Halstücher, den sonnenglänzenden Hof, als sie heimkehrten, braungebrannt und mit lachenden Gesichtern. Und später dann als Jugendlicher das aufregende Quallenfangen mit selbstgebauten Fanggeräten am Kieler Hafen und noch später als Student der Blick aus dem Heimfenster oben auf dem Berg zu den Schiffswerften hinüber mit den blausilbrig spritzenden Funken der Schweißgeräte.

Ständig mehren sich diese Erinnerungen und werden reicher an Einzelheiten, an Düften, Farben, Bildelementen, Gefühlswerten. Welches ist aber der Sinn dieser Wiederbelebungen? Ich weiß – und spüre es geradezu leibhaftig –, sie erfüllen mich mit Wohlbehagen, ja bisweilen verändert der ganze Arbeitstag seine Stimmung, wenn ich morgens für kurze Zeit in einem magischen Erinnerungsakt in meine Kindheit eingetaucht bin. Der Tanz meines Vaters – ist dies die Bedeutung, den Tag zu verschönern, ihm mit freudevoller Gehobenheit begegnen zu können oder hat er noch eine andere weiterreichende Wirkung?

Der Psychologe Herbert Otto erklärt dazu, daß im Hintergrund eines jeden Menschen ein Gewebe von positiven Erfahrungen mit tiefer emotionaler Bedeutung schlummert. Er nennt sie ‚Minerva-Erlebnisse'[46] nach der römischen Göttin der Gesundheit und Weisheit. Sie sind nach Ottos gedrängt formulierter Bestimmung „ein Netzwerk von in hohem Maße formenden und reifungsfördernden Erlebnissen, die stark positive affektive Komponenten aufweisen und eine dominante Rolle bei der Entwicklung der Quellen der Persönlichkeit spielen und auf diese Weise sehr bedeutsam die Persönlichkeitsentwicklung beeinflussen." Danach gibt es also Erfahrungen im Leben eines jeden Menschen, die seine Entwicklung fördern und ihr Form und Richtung geben.

Die Idee Ottos ist geradezu die Umkehrung bekannter und geläufiger Vorstellungen über die Entwicklung des Menschen. Sie ist faszinierend. Bisher dachte man sich die Entwicklung im Sinne der alles beherrschenden Psychoanalyse so, daß jeder Mensch während seiner Kindheit eine Reihe von negativen und seelischen Verletzungen, genannt Traumata, erleiden muß, die verdrängt, vergessen oder sonstwie ins Unbewußte abgeschoben werden. Die Aufgabe des Therapeuten besteht nun in der Aufdeckung des Unbewußten mit dem Ziel, daß diese traumatischen Erlebnisse durchgearbeitet werden und auf diese Weise besser in das seelische Leben des Menschen integriert werden können. Gleichzeitig erhält der Mensch einen Kraftzuwachs, insofern seelische Energie, die vorher zur Aufrechterhaltung der Verdrängung aufgewendet wurde, frei wird und einer gesünderen Persönlichkeitsentwicklung und -entfaltung dienen kann.

Es ist nun die These Ottos, daß „*in ähnlicher Weise diese positiven, kreativen Ereignisse, die wir Minerva-Erlebnisse nennen, genauso wichtig, wenn nicht noch wichtiger sind als die traumatischen Ereignisse.*" Und an einer anderen Stelle heißt es noch deutlicher: „Es ist meine Hypothese, daß diese Erfahrungen viel mit der Art und Weise zu tun haben, wie ein Mensch reift und sich entwickelt und daß sie mit dem Netzwerk seiner Stärken und Möglichkeiten zusammenhängen. Die Aufdeckung und Wiedererinnerung von Minerva-Erlebnissen kann psychische Energie dadurch verfügbar machen, daß die Selbsterkenntnis vergrößert wird und Hinweise auf Stärken und Möglichkeiten geboten werden, von denen einige latent und verborgen sein mögen."

Natürlich haben diese Erfahrungen, an deren Erforschung der Psychologe seit 1959 arbeitet, viel Ähnlichkeit mit Maslows Gipfel-Erlebnissen, und Otto merkt dies auch an. Der Unterschied liegt wohl darin, daß mit den Minerva-Erfahrungen umfassendere und komplexere Geschehnisse gemeint sind. So ist es durchaus berechtigt, wenn Otto sagt, daß Gipfel-Erfahrungen unser Verständnis der Minerva-Erfahrungen zu erweitern und zu vertiefen vermögen. Noch größer scheint mir die Ähnlichkeit mit den Plateau-Erfahrungen aus Maslows letzter Zeit, da mit ihnen in der Tat umfangreichere Umgestaltungen des Menschen gemeint sind.

Was aber bedeutet dies alles für mich, für mein Leben, für meine Erfahrungen der Freude und meine Sehnsucht nach Lebenssteigerung? Es macht mich mit Nachdruck darauf aufmerksam, daß ich mit dieser „Suche nach der verlorenen Zeit", wenn ich aktiv mein Gedächtnis nach solchen Erinnerungen fahnden lasse oder mit dem Empfangen ungerufener und ungesuchter Erlebnisse von glücklichen und sonnenbeschienenen Tagen, auf dem rechten Wege bin. Es will sagen: Bejahe deine vergangenen beseligenden Augenblicke! Denn es ist, wie wenn sich eine innere Schatzkammer einen Spalt weit öffnet, um uns in die Wunder und Rätsel hineinschauen zu lassen und um uns zu versichern, daß es für uns viele dieser Art gibt. Es weist darauf hin, daß dies nicht nur ‚neutrale' Erinnerungen sind, die registriert werden müssen, um dann irgendwo im großen Haushalt der Seele abgelegt zu werden; vielmehr sind es *Kraftquellen,* die uns mit ihrer Süße, ihrer Zartheit, ihrem Reichtum an Tönen und Empfindungen leibhaft vor Augen führen, wie groß und weit und unermeßlich unser Leben ist und daß wir uns gegenwärtig vielleicht unseren Blick ein wenig zu sehr verengt haben. Sie öffnen uns vielmehr den Horizont zum Ganzen, dessen Linien irgendwo unendlich fern undeutlich werden und noch weitere wunderbare Länder und Gegenden erahnen lassen. Sie mahnen uns an das große Ganze, daß wir den kleinen Umkreis transzendieren müssen, in dem wir gerade leben. Sie befreien uns zudem, indem sie uns Seiten unseres Wesens aufleuchten lassen, die wir schon längst nicht mehr spürten. Wir fühlen uns dann wieder eingewiegt in den grandiosen Wellenschlag des Lebens, der uns ohne Anstrengung, ohne Selbstzwang und mit behutsamer Lenkung unserer Bestimmung zuführt.

Wenn ich an meine Kindheit und Jugend zurückdenke, so begegnen mir selbstverständlich auch Schatten und Trübungen. Es war die Zeit des Kriegsendes, der zerbombten Städte, des Hungers, der zusammenbrechenden Ordnungen, der ‚Stunde Null', wie man sagte. Worauf es aber bei der Suche nach der Freude des Lebens ankommt – und daran will uns der Psychologe erinnern –, ist, sich nicht den grausamen und trübsinnigen Erinnerungen hinzugeben, sondern, um den weisen Epikur hierzu zu zitieren, „durch Abwägen und Unterscheiden des Zuträglichen und Abträglichen immer alles richtig zu *bewerten*"[47] und das bedeutet im Falle der Minerva-Erfahrungen, sich nicht erdrücken zu lassen von der Last des Schweren, sondern sich ein Gegengewicht zu schaffen durch *bewußte Hinlenkung auf die fördernden und erhebenden Momente unserer Vergangenheit*, auf die Blumen im Umkreis des kargen Gesteins.

Der Psychologe hat sich jedoch mit diesem allgemeinen Lebensrat nicht zufrieden gegeben; er hat vielmehr verschiedene Methoden entwickelt, wie man sich solche Minerva-Erfahrungen gleichsam systematisch vergegenwärtigen kann – eine zweifellos aufregende Praxis. Es ist ein behutsames und schrittweises Hinabsteigen in die eigene Vergangenheit, bei dem der Leiter ständig bereit ist, unter die Arme zu greifen. Der Autor nennt den Vorgang „*Zwiebelschälen*". Dabei wird bei Gruppentreffen eine Altersskala als Hilfe an die Tafel gehängt, auf der die Lebensalter von fünfzehn bis achtzehn, von zehn bis vierzehn usw. verzeichnet sind. Die Gruppe wird über die Minerva-Erfahrungen informiert und aufgefordert, ihren Gedanken freien Lauf zu lassen und mit solchen Erfahrungen beim oberen Ende der Skala zu beginnen. Dies wirkt wie die Öffnung einer Schleuse; alsbald berichten alle erfahrungsgemäß von vielen solchen Erlebnissen des Glücks und legen dabei eine Schicht nach der anderen bloß. In einem zweiten Schritt wird dann der Lebensertrag dieser Erfahrungen diskutiert und bewertet. Dabei wirkt die Mitteilung solcher Erfahrungen bereits stimulierend auf das Erinnerungsvermögen der anderen. Es hat sich außerdem gezeigt, daß besonders die Erwähnung von Gerüchen und Düften diesen Vorgang der Entdeckung von Minerva-Erfahrungen anregt. Die Vorstellungen des Geruches der heißen Sonne auf Sandboden, eines nassen Hundes, der gerade aus dem Regenwetter ins Zimmer kommt, einer Küste und Seetang, von Brot- und Kuchenbacken, von frisch gemähtem Heu etc. führen stets dazu, daß andere diese Hinweise unterbrechen und von Erfahrungen besonderen Glücks, besonderer Freude und Wonne im Zusammenhang damit berichten.

Einige Ergebnisse dieser Untersuchungen mit Gruppen seien genannt: die meisten Erlebnisse sind emotionaler Natur; viele Menschen verstehen auch plötzlich, welche Bedeutung diese Erlebnisse für ihre Persönlichkeitsentwicklung im ganzen gehabt hat, bisweilen in einem Akt dramatischer Erleichterung; manche berichten von Steigerungen der Energie eine Woche danach, daß sie nun ein sehr positives Gefühl über das Leben gewonnen haben; auch vollständige Veränderungen der Haltung gegenüber den Eltern wurden beobachtet, die Liebe zu ihnen kehrte wieder und die Zuneigung steigerte sich plötzlich; schließlich bemerkt Otto, daß immer dann, wenn eine vorliegende seelische Verletzung, ein Trauma also, vorlag, ihre Durcharbeitung erst den Weg zu diesen Glückserfahrungen freimachte: „Man bekommt fast den Eindruck, daß das Trauma wie ein schweres Gewicht draufliegt und die Minerva-Erfahrung davon abhält, aufzutauchen."

Denke ich zurück an den Tanz meines Vaters und an all die anderen Situationen, in denen er wie damals auf dem Waldweg seine Seele weit öffnete in den Momenten seiner höchsten Freude, so erlebe ich dies wie eine Serie solcher Minerva-Erfahrungen. Ihre Vergegenwärtigung erfüllt mich nicht nur mit Liebe und Wärme. Sie lassen mich nicht nur lachen, wenn ich an die ungelenken und so gar nicht zum gelenkbelastenden polnischen Krakowiak passenden Bewegungen denke. Vielmehr bildete sich in mir ein nicht zu erschütterndes Gefühl und eine tröstliche Zuversicht, daß und wie man die „Schwerkraft des Lebens“ überwinden kann – durch solchen Tanz nämlich als tapfere Bejahung des Daseins und als Befreiung von allen drohenden Gefahren des Schicksals und durch das Miterleben solchen Tanzens, wodurch mir die Gewißheit zuteil wurde, daß das Leben für jeden von uns diesen Ausweg bereithält, daß es uns allen wie dem Sorbas für alle Notfälle Flügel geschenkt hat.

9.
Erleuchtung im Schmerz

Auch auf die Gefahr hin, dem Problem nicht voll gerecht werden zu können, müssen wir doch auch vom Zusammenhang von Glück und Schmerz sprechen. Kann Glück in der Nachbarschaft des Schmerzes wohnen? Vermag zum Beispiel derjenige, der an einer schweren Krankheit leidet oder derjenige, dessen Leib verstümmelt ist, sein Leben als Fest zu preisen?

Die folgenden Antworten, die ich von Schwerbehinderten hörte, eröffnen uns jedoch einen ungeahnten Raum, in dem Dimensionen denkbar werden, denen der Alltagsverstand nicht begegnet. Ein Beinamputierter sagte, daß die Behinderung sein Glück durchaus nicht ausschließe; allerdings sei er gezwungen, sein Aufmerksamkeitszentrum zu verändern, er dürfe sich nicht auf die Behinderung konzentrieren, er müsse ständig versuchen, sie zu ignorieren. Eine Frau, die nach einer Krankheit vollständig erblindet war, sagte zwei Jahre danach, man dürfe nicht fortwährend sein Schicksal beweinen, sondern müsse versuchen, sich mit allen verbliebenen Kräften aus der tiefen Nacht herauszuarbeiten, dann werde einem auch wieder ein inneres Licht zuteil.

Wie weit die Aussagen und vor allem das Erleben dieser Aktivisten ihres eigenen Glücks repräsentativ sind, vermag niemand zu beurteilen; sie lassen jedoch erahnen, daß das Leben die Netze seiner Hilfen viel weiter spannt, als unserem sich ängstigenden Herzen fühlbar ist.

Es ist dabei tröstlich, daß unser Gewährsmann hier, wo sich Tag und Nacht des Daseins treffen, wo sich der Mensch aus der Qual emporzuringen versucht, auch den Schritt nicht weiter wagt. Ihm verwandeln sich bei diesem bedrängenden Thema alle Feststellungen zu bloßen Fragen. Der Psychologe, der wegen seines angeblich übertriebenen Optimismus' gescholten worden ist, weist uns zumindest die Aufgaben, die dieses schwere Problem uns stellt, so: „Die Fragen, die ich stellte, betrafen die Augenblicke des Entzückens, des größten Glücks. Daher berührten sie die wohlbekannte Tatsache, daß Tragik, Schmerz und Konfrontation mit dem Tod dieselben kognitiven und therapeutischen Wirkungen haben bei Menschen mit Mut und Kraft. Aus diesem Grund muß auch die Verbindung des Glücks mit der Trauer – der enge Zusammenhang von Lachen und Weinen – untersucht werden. Oft genug wurde mir von Tränen erzählt, die mit überwältigendem Glück kamen (z. B. Weinen bei einer Hochzeit) oder mit dem Triumph der Gerechtigkeit (z. B. Tränen über ein glückliches Ende) oder von dem Kloß in der Kehle (z. B. beim Höhepunkt einer besonders schönen Tanzdarbietung) oder dem Schauer, der Gänsehaut und dem Zittern (einmal sogar beginnende Übelkeit) bei musikalischen Höhepunkten. Diese Fragen bedürfen intensiver und ausgedehnter Erforschung."

Um diesen rätselhaften Verbindungen, diesen dramatischen oder auch stillen Erlebnissen des Umschlagens des persönlichen Geschicks nachzuspüren, erzähle ich die Lebensgeschichte eines schwer leidenden Menschen, der Erleuchtung im Schmerz fand.

Das Wunder der Sprache

Dieser Mann – er war 39 Jahre alt – wurde plötzlich durch eine lebensbedrohliche Krankheit aus seinen gewohnten Lebensverhältnissen gerissen. Um ihn kurz vorzustellen: Er war ein promovierter Betriebswirt, hatte eine gute Anstellung und war von Hause aus wohlhabend. Die Familie hatte einen leiblichen Sohn; ihre Freude über ihn dauerte jedoch nur kurz, denn infolge einer Erkrankung des Rückenmarks mußte sie ihn bald dem Tod überantworten. Sie erlebten nie den jedes Elternpaar beseligenden Augenblick, wenn das kleine Kind sich anschickt, aufrecht zu gehen. Um nicht alleine bleiben zu müssen und auch weil sie glaubten, daß sie Kinder mit Liebe zu beschenken in der Lage seien, adoptierten die Ehegatten zwei fremde Kinder. Sie umsorgten sie in Erinnerung an ihren leiblichen Sohn voll großer Dankbarkeit. Alles war also, da sie den Schmerz über den Tod ihres Sohnes allmählich überwunden hatten und sich überdies in einer geheimnisvollen Weise stets mit ihm verbunden fühlten, wieder zum Guten bestellt.

Da brach der Mann wie vom Blitz getroffen zusammen. Er verdankte nur dem umsichtigen Handeln eines Arztes, der sofort die zutreffende Diagnose zu stellen in der Lage war und daher auch unverzüglich Hilfe bringen konnte, sein weiteres Leben. Der Mann litt an einem Hirntumor, der bisher ohne alle auffälligen Symptome gewachsen war und nun eine Ausdehnung erreicht hatte, daß der Zusammenbruch die notwendige Folge war.

Der Krankheitszustand drohte sich alsbald zu verschlimmern, und die Ärzte entschlossen sich daher zur Operation. Der Schädel wurde mehrfach eröffnet – die erste Operation hatte ihr Ziel nicht erreicht – und die Geschwulstteile entfernt; allerdings war die vollständige Entnahme des Tumors nicht möglich, die postoperative Schädigung des Gehirns hätte andernfalls selbst zum Tode oder zu schwerster gesundheitlicher Beeinträchtigung geführt. Der Mann war durch den operativen Eingriff nun halbseitig gelähmt und verlor vollständig seine Sprache.

Nachdem er bereits einige Monate mit verschiedenen Übungen zugebracht hatte, begegnete ich ihm, und wir beschlossen, mit der ihm verbliebenen Zuversicht an der Verbesserung seiner Lage zu arbeiten. Dabei verbündeten sich gleichsam unsere Herzen. Wir führten bis zu seiner selbstgewollten Erschöpfung Sprachübungen durch, weinten und lachten zusammen. Da wir uns innerlich fest aneinander klammerten, fielen uns wie von selbst die angemessenen therapeutischen Mittel zu, und nach nicht ganz zwei Jahren, in denen wir in jeder Woche um weitere Wörter und Sätze rangen, war das Sprachvermögen dieses Mannes so weit wiederhergestellt, daß er sich an einem Tischgespräch beteiligen konnte, ohne daß jemand seine Behinderung erahnt hätte. Er besuchte sogar voller Freude über seinen

Erfolg ein Seminar therapeutischer Praktiker, um den Verlauf seiner fortschreitenden Heilung dort zu demonstrieren.

Während einer dieser Stunden nun ereignete sich etwas, das es mir erlaubte, in die Tiefe zu sehen, da wo Glück und Leid sich zu verbinden scheinen und sich eine Erkenntnis, ja eine Erleuchtung ereignet.

Der Mann betrat den Raum, setzte sich, bereitete sich innerlich auf unsere Sprachübungen vor – alles wie immer. Plötzlich mitten in der Arbeit liefen Tränen über sein unbewegtes Gesicht, und seine Augen schauten mich mit einem verklärten Schimmern an. Ich unterbrach die Übungen, um ihn zu fragen, was ihn bewege in der falschen Annahme, daß ihn wie gewöhnlich Kopfschmerzen zu quälen begannen. Mit dem Ausdruck eines Menschen, der auf einer sehr langen Reise eine kostbare Entdeckung für sich gemacht hat, die ihn von nun an trägt, antwortete er:

„Mir ist heute das Wunder der Sprache aufgegangen!"

Er neigte nicht zu Übertreibungen; daher muß man das von ihm gewählte Wort ‚Wunder' mit ganz besonderer Aufmerksamkeit hören. Die schwere Krankheit hatte diesen Mann zu einer vollständigen Veränderung der Einstellung zum Leben gezwungen. Er hatte die Selbstverständlichkeit verloren, war herausgetreten aus dem milde betäubenden Strom des Lebens, der uns sonst umfängt und hatte in einem Augenblick höchster Sensibilität erkannt, daß er bereits ein Beschenkter war. Bis dahin hatte er sich der Sprache als eines unbefragten und unbezweifelten Mittels bedient. Er war wie der Gast eines Festes, der das ihm scheinbar Zukommende genießt, ohne nach den Umständen zu fragen.

In diesem Augenblick der Wachheit bemerkte er jedoch, daß wir im Grunde nichts besitzen, daß uns vielmehr gegeben wird, ständig und ohne Unterlaß, ja daß unser ganzes Leben Gabe und Geschenk ist. Oder wenn wir etwas besitzen, so ist es uns nur für kurze Zeit anvertraut. Alles aber kann uns genommen werden und wenn wir es wie unsere Sprache durch mühevolle Anstrengungen wiedererworben haben, halten wir es in unseren zitternden Händen und weinen im Gefühl der Dankbarkeit.

Es hieße jedoch, die belastende Situation, in die dieser Mann geraten war, stark vereinfachen, wollte man sie nur als Verlust und wenn auch schwierige Wiedergewinnung der Sprache beschreiben. Um vielmehr sowohl die sich gefährlich der Verzweiflung nähernde Depression wie auch das sich aus dem allmählichen Wiederauftauchen der Sprache zuwachsende Gefühl der Seligkeit im ganzen Umfang ihres Ausschlags auch nur in Annäherung begreifen zu können, muß man Sprachvermögen und Sprachverlust tiefer zu fassen versuchen. Dazu mögen zwei Hinweise als Hilfen dienen.

Im Grunde ist es falsch oder zumindest mißverständlich, den hier vorliegenden Defekt als Verlust ohne weitere Spezifizierung zu charakterisieren. Wir sprechen ja von einem Verlust, wenn zum Beispiel als Folge eines Unfalls ein Bein amputiert werden mußte; aber auch dann verwenden wir den Ausdruck, wenn uns ein Besitz abhanden gekommen ist. Die Sprachbeeinträchtigung dieses Mannes ist nun nicht mit dem Verlust im ersteren, sondern im zweiten Sinne vergleichbar. Der Verlust des Beines ist endgültig, man hat sich mit ihm abzufinden; der Verlust eines Besitzes nicht unbedingt, er ist abhanden gekommen, befindet sich aber noch irgendwo. In ähnlicher Weise ist dies kein Verlust im Sinne einer unwiederbringlichen Endgültigkeit, sondern im Sinne einer ernsten Beeinträchtigung ihrer kompetenten, störungsfreien und souveränen Verfügbarkeit. Es ist, wie wenn der Zugang zum Raum der Sprache versperrt wurde. Man weiß um den verborgenen Schatz, man kennt jedoch den Weg zu ihm nicht mehr.

Zum anderen aber erleidet der Kranke zugleich mit der Ausgeschlossenheit von der Sprache und durch sie auch noch eine Verarmung aller menschlichen Beziehungen. Das geduldige, bisweilen minutenlange Warten auf ein Wort wird auch gutwilligsten Mitmenschen bald zu einer unerträglichen Belastung, und es kommt unweigerlich der gefürchtete Zeitpunkt, wo dem Kranken niemand mehr zuhört. Dann verschließt er sich in die Kammer seiner Einsamkeit, verbrennt an der Mitteilungssehnsucht seines Herzens und wendet sich in bitterer Enttäuschung gerade von denen ab, denen seine größte Liebe und Zärtlichkeit gilt. Er schweigt schließlich ganz und beraubt sich so der einzigen ihm noch verbliebenen Möglichkeit der Rehabilitation. Im günstigen Falle wie bei unserem Kranken, bei dem die Mutlosigkeit noch nicht ein so extremes Ausmaß angenommen hatte, kämpft er gegen doppelte Mauern: gegen diejenigen, die das kostbare Gut der Wörter und Sätze verschließen und gegen diejenigen, die sich alsbald zwischen seinen Bedürfnissen und der Seele seiner Mitmenschen auftürmen.

Eine Szene, die der Kranke mir mit all den Schmerzen tiefer Enttäuschung beschrieb, die ihn noch lange nachher zusammen mit Schuldgefühlen quälten, beleuchtet die Wirkung dieser drohenden und einschüchternden Mauern in grellem Lichte. Der Geburtstag seiner alten, von ihm wegen ihrer Leidensfähigkeit sehr verehrten Mutter nahte, und man hatte viele Gäste zum Fest eingeladen. Da er fühlte, daß das Dunkel, in dem er herumging, auch zu ihr hinüberrreichte und ihren frohen Mut in grübelndes Sinnen verwandelte, wollte er ihr ein besonders ergreifendes und aufmunterndes Geschenk machen. Er beabsichtigte, ihr ohne Aufforderung, ohne Hilfe und spontan mit dem Satz zu ihrem Wiegenfeste zu gratulieren: Herzlichen Glückwunsch, liebe Mutter!

Durch häufige Wiederholungen wurde die Formulierung dieser Worte eingeübt, und zuversichtlich und freudig erregt war auch er auf dem Fest erschienen. Als er dann aber auf seine Mutter zuging und ihr das Sprachgeschenk darbringen wollte, überfielen ihn wieder die alten Schwierigkeiten, und er konnte kein Wort hervorbringen. Nur Tränen gaben Zeugnis von seinen Wünschen, welchen Inhalt und welches Ziel sie hatten, konnte seine Mutter jedoch nur erraten. Die scheinbar selbstverständlichsten Fähigkeiten und Handlungen standen ihm nicht mehr zu Gebote, und er mußte in einer besonders entscheidenden Situation erfahren, wie brüchig und unzuverlässig seine erworbenen Selbsthilfen im Grunde waren.

Will man das in einem Akte der Hochstimmung von ihm als Wunder bezeichnete Erlebnis der neu eroberten Sprache verstehen und angemessen einschätzen – ich glaube, daß Sprachgesunde nur sehr selten dazu in der Lage sind –, so muß man sich mit allen Kräften einfühlender Hingabe klarzumachen versuchen, welche inneren Wandlungen ein solcher Kranker zu bestehen hat und welche Gefühle der Verunsicherung, der Selbsterniedrigung und der Verletzung der persönlichen Würde er zu ertragen hat. Zudem muß man sich die im Untergrund der Seele beunruhigend mahnenden und vorauseilenden Gedanken vergegenwärtigen, die ständig das Ergebnis der nächsten ärztlichen Untersuchung erraten wollen. Sie kreisen ohne Unterbrechung um die Entscheidung Tod oder Leben; sie können höchstens ihre Schwere vorwegnehmen, nicht aber ihre endgültige Richtung.

In dieser Lage, die man wohl am besten als Ausgesetztsein, als schutzloses Ausgeliefertsein bezeichnen kann, wenn es überhaupt in Worte zu fassen ist, in der Schwebe also zwischen dem endgültigen Abschied und der Rückkehr zur Wärme des bergenden und lebendigen Umgangs, ereignete sich für ihn das Wunder, das er nun erst in seinem überwältigenden Wert zu erkennen und anzunehmen vermochte. Man kann vermuten, daß der Größe des Leids die Tiefe der Erkenntnis und des Glücks entsprachen.

Fortwirkendes Beispiel

Von diesem Zeitpunkt an konnte ich an ihm eine Veränderung feststellen: Er war jetzt positiv gestimmt. Es war, wie wenn ein schwer gefährdeter Mensch spürt, daß sich für ihn der Lebenshorizont allmählich wieder aufhellt. Er hatte wieder Hoffnung, und das Dasein wurde ihm zum Fest, das er in stiller Vergnügtheit genoß. Alle Geschichten aus seinem Leben, die wir als Übungsstoff wählten, erhielten nun leuchtende Farben. Wir lachten viel damals und ließen uns auf der Woge freudiger Zuversicht dahintreiben.

Wenn er das Haus betrat, lächelte er, und es störte ihn wenig, wenn er bei der Begrüßung unsere Hand haltend längere Zeit nach unserem Namen suchen mußte. Und wenn seine Finger sich verkrampften und einzeln abgehoben werden mußten, kommentierte er diesen Vorgang amüsiert. Seine Stimme, die sonst verzagt und mutlos klang, erschien mir nun kräftig und aufmunternd. Er war zu Scherzen aufgelegt und überraschte seine Umgebung mit ironischen und angriffslustigen Bemerkungen. Heiterkeit und Fröhlichkeit beherrschten uns, und er schien sich nach diesem Ereignis wie ein Wiedergeborener zu fühlen.

Es liegt nahe, für diese Vorgänge alte Bezeichnungen und Stereotype anzuwenden. Man denkt an Schemata wie Prüfung, Gnade, Erlösung usw. Es ist jedoch angebracht, vor einer solchen Übertragung zu warnen. Trotz vieler Berichte solcher überwältigenden Glückserfahrungen mitten in einem Tal schweren Leids wissen wir im Grunde recht wenig über sie, über die rätselhaften Zusammenhänge und über die Umwandlungen und Veränderungen der Persönlichkeit sowie die besonderen Einsichten und Offenbarungen. Man hüte sich davor, der eigenen *Betroffenheit* und *Ratlosigkeit* angesichts eines so schmerzlich anrührenden Geschicks dadurch zu entfliehen, daß man eine vorgeprägte Erklärung aus den Glaubenssammlungen der unterschiedlichsten Herkunft hervorzieht. Es besteht die Gefahr, daß man dann unter dem Panzer solcher Interpretationen zugleich hochmütig und unempfindlich für die existentielle Botschaft eines solchen Lebens und Leidens wird.

Hier ist nun auch vom Ende dieses Mannes zu berichten. Er erschien eines Tages wieder zu unseren Übungen. Ich bemerkte jedoch an Körperhaltung und Gestik bereits, daß er sich verändert hatte. Er war nur schwer zum Sprechen zu bewegen, stieß mühsam und angestrengt einige Worte hervor, stöhnte und sah mich mit einem gequälten Blick an. Bald war zu bemerken, daß er in seiner Entwicklung zurückgefallen war; seine Sprache war wieder auf dem Stand der ersten Tage unserer Übungen. Ich mußte meine bittere Enttäuschung verbergen. Da sich sein Verhalten bis zur völligen Hilflosigkeit steigerte und er einen Ausdruck größter Belastung zu erkennen gab, vermutete ich, es würden nun die Krämpfe wieder erscheinen. Wenn sie ihn sonst überfielen, wartete ich geduldig, bis die Zuckungen und Wellen, die vom Mundwinkel über den Hals und Arm bis zum Fuß herunterliefen, abklangen. Dann arbeitete er sich in bewunderungswürdiger Weise aus der nachfolgenden Erschöpfung heraus und erreichte gegen Ende der Übungen wieder sein altes Sprachniveau.

Dieses Mal aber blieb all dies aus: keine Krämpfe, nur ein

dumpfes Brüten mit erschreckend hilflosen Augen! Ich fürchtete mich und sagte: „Sie machen mir Angst."

Eine Untersuchung desselben Tages brachte die traurige Gewißheit, daß der Tumor weitergewachsen war und eine erneute Operation notwendig und unumgänglich wurde.

Aus der Narkose hierzu erwachte er nicht mehr.

Man hat ihn neben seinem Sohn begraben unter einem bunten Eisenkreuz, das er einst selbst ausgesucht hat und das einmal Thema unserer Sprachübungen war und das er einstmals in liebevollem Angedenken selbst ausgemalt hat.

Bisweilen besuche ich dieses Doppelgrab. Zwar kann ich es mir nicht erklären, aber in meine leise Wehmut und Trauer mischt sich auch eine aufrichtende Zuversicht. Und wenn ich meinen Blick zu den Kiefern dort wende, spüre ich in mir eine seltsame Kraft wachsen, so als habe er auch mein Wesen durch sein Leiden, vor allem aber durch seine klaglose Annahme bereichert und vertieft und ich lernte die Erfahrung, daß die Zurückgeworfenheit auf die ärmste Bedürftigkeit nicht in Verzweiflung mündete, sondern im Gegenteil die Seele für den Strahl der Erleuchtung aufschloß und darüber hinaus nun selbst zur schenkenden Zisterne wurde.

Indem ich das Schicksal dieses Mannes hier erwähne, befolge ich nur eine von ihm selbst mir gegenüber oft geäußerte Absicht, daß er trotz allem ein Zeichen setzen wollte, für diejenigen, die in ähnliche Betrübnis geraten sind und die durch eine dunkle Nacht gehen müssen. Sein Schicksal sollte anderen zur Ermutigung dienen, betonte er häufig, dafür daß gerade die enge Grenze für Wunder zugänglich macht.

Welches ist aber die existentielle Botschaft dieses Lebens und Sterbens? Oder bescheidener gefragt: Welches könnte sie sein?

Es scheint eine besondere Haltung zum eigenen Leid zu sein, die dem Menschen zusammen mit seinem Unglück geschenkt werden kann. Der Dichter Hermann Hesse berichtet in seinem Tagebuch von einem bemerkenswerten Traum, in dem er mit großer Deutlichkeit zwei Stimmen hören konnte. Die eine sagte ihm, er solle nach Kräften suchen, um das Leiden zu überwinden und um sich zu beruhigen. Sie hatten Ähnlichkeit mit seinen Eltern, mit der Schule, mit dem Philosophen Kant und den Kirchenvätern. Die andere Stimme aber kam von weither und erschien ihm wie die ‚Ursache aller Dinge'. Sie teilte ihm mit, daß das Leiden nur Schmerzen bereitet, weil man es fürchtet, weil man es beklagt und weil man vor ihm zu fliehen sucht. „Tief in dir weißt du recht gut, daß es nur eine einzige Magie gibt, eine einzige Kraft, eine einzige Erlösung ... und diese heißt Liebe. Liebe somit dein Leiden! Kämpfe nicht dagegen an und fliehe nicht vor ihm. Es ist nur deine Abneigung, die schmerzt, und nichts anderes."[48] Nach diesem Wahrtraum ist der Schmerz die Abneigung und die erlösende Magie die Hingabe an das Leid.

Dies bedeutet jedoch keineswegs, daß der Leidende in passiver Ergebenheit die zukünftigen Ereignisse seines Lebens abzuwarten oder fatalistische Inaktivität zu üben hätte. Es heißt im Gegenteil, daß wir dem Schmerz die rechte Aufmerksamkeit schenken sollen, so wie wir als Liebende das Geliebte wahrnehmen, dann können wir darauf vertrauen, daß er ein Problem nach dem anderen zu lösen hilft. Seltsamerweise erreicht der das Licht, der mutig in das Dunkel geht.

Dies könnte die Botschaft sein, daß es nur einen einzigen Weg aus unserem Leiden heraus gibt und der führt durch das Leiden selbst hindurch.

Diesen dornigen Weg hatte dieser Mann in der Tat beschritten. Er stellte sich seinem Leid, indem er es akzeptierte. Zugleich mit dem Bemühen, den Sinn seines eigenen Lebens tiefer zu verstehen, wurde er aber fähig, seinen bemitleidenswerten Zustand zu ändern – bis der Tod ihn Abschied nehmen hieß von dieser Welt der Schmerzen und der Freude.

10.
Der gesprengte Kerker

Der Mensch soll seine Freude so ernst nehmen, wie er sich selbst nimmt.

A. Delp

Wer Erfahrungen mit der Freude und dem Festcharakter des Lebens machen will, muß häufig seinen Standort wechseln. Er muß herumwandern, durch Gespräche und Beobachtungen seinen Horizont erweitern und vor allem Menschen, die Extremsituationen ertragen müssen, um Einsichten hierzu bitten.

Demgemäß wollen wir versuchen, einen Menschen in seinen schwersten Stunden zu begleiten. Mit aller in diesem Falle gebotenen Ehrfurcht, aber auch mit dem festen und zugleich demütigen Willen zur Erkenntnis wollen wir uns dem Kreuzweg eines Menschen nähern, seinen letzten Erdentagen, um durch das Studium seiner letzten Hinterlassenschaft, seiner letzten Rufe nach seinen Freunden und Verwandten einen tieferen Einblick in das Wirken des Lebens zu erhalten, wie es sich mit dem rätselhaften *Zusammenhang von Unglück und Freude* verhält.

Kann ein Mensch, der von einem totalitären Machtwillen seiner Würde entkleidet wird, dessen Selbstachtung auf brutalste Weise zerstört wird und der von erbarmungslosen Schergen geschlagen und getreten wird, Freude empfinden? Ist diese Frage selbst nicht schon ein Sakrileg, eine Verhöhnung eines so entsetzlichen Opfergangs?

Wer das große Buch über die Martern, die die Menschen ihren eigenen Brüdern und Schwestern zugefügt haben, aufschlägt und mitfühlenden Herzens durch die Jahrhunderte der blutigen Spur der Qualen folgt, muß feststellen, daß die Leidenden und besonders die zu Unrecht Leidenden aller Zeiten dasselbe Zeugnis abgegeben haben – und dies ist ein überraschendes Zeugnis.

Der schmerzverzerrte Mund, der die körperliche Tortur in die Welt hinausschreit, weil der kreatürliche Teil den geistigen bindet, verändert mitten im Geschehen seinen Ausdruck. Es legt sich zunächst eine milde Trauer über die Züge und seltsam genug, bei Zunahme der zugefügten Schmerzen verbreitet sich Stille und – darf ich es so nennen? – selige Heiterkeit. Es ist, wie wenn dies von einer auf dem Marterplatz stattfindenden mystischen Umkehrung kommt. Die Quälenden werden, ohne es sich zum Bewußtsein zu bringen, zu Bemitleideten und die Gequälten werden zu Mitleidspendern.

Aber nicht nur diese unerwarteten Wandlungen der menschlichen Beziehungen werden berichtet, sondern auch jene anderen verborgenen, im Inneren der Leidenden selbst sich vollziehenden, wie die zuckende und blutende Seele den kleinmütigen Zuschauer mit der Geburt eines unermeßlichen Lichtes überrascht. Nicht selten bedingt die erstere Wandlung der Rollen diese innere. In solchen Momenten kommt der Mensch über sich hinaus, schwingt sich einem Adler gleich zur Unerreichbarkeit eines hohen Felsens hinauf, sieht alles Irdische unter sich und vermag innige Zwiesprache zu halten mit den Mächten des Lebens selbst. Nach allen Nachrichten hierzu besteht kein Zweifel – und man fragt sich, wann die mordlüsternen Alleinherrscher dies endlich begreifen werden –, daß der Mensch, der ein Wie des Lebens, einen Sinn verborgen in sich birgt, zwar bis zur Erschöpfung gefoltert werden kann, daß er aber die Gewalt seiner Peiniger in einen Antrieb zu verwandeln vermag, der ihn dem grausigen Augenblick enthebt und einem höheren Sein anvertraut. Und da schenkt das Leben dann seine Wohltaten in einem Ausmaß, das wir, die wir fern dem Kerker und dem Foltertisch stehen, kaum erahnen können.

Man denke an die letzten Stunden des Sokrates, wie er noch lebend sich vom Haß seiner Verfolger abwendet und an die erleuchteten Erwartungen, von denen er seinen Schülern zu erzählen vermag. „Ist aber der Tod wie eine Auswanderung von hinnen an einen anderen Ort und ist das wahr, was gesagt wird, daß dort alle Verstorbenen sind, was für ein größeres Gut könnte es wohl geben als dieses", fragt er nach seiner Verurteilung die Richter und fügt die Liste derjenigen Großen hinzu, denen er wie zum Beispiel dem Homer noch zu begegnen gedenkt[49]. Er ist durch den Gang der Geschichte hindurch der Modellfall des Menschen, der den Kerker sprengt, um dem Einbruch einer höheren Wirklichkeit sich zuzubereiten und dies mit Gelassenheit sowohl wie mit Entzücken.

Erziehung durch Gott: Alfred Delp

Wem es aber schwerfällt, sich das Schicksal dieses außergewöhnlichen Mannes mit seiner ganzen Überzeugungskraft zu vergegenwärtigen, weil der geschichtliche Abstand die Szene verblassen läßt, der sei an das Leben und Sterben des Mannes erinnert, der obwohl gläubiger Katholik sich durchaus auch diesem seinem großen heidnischen Vorgänger verbunden fühlte: Pater Alfred Delp. Beide sind überdies durch ihr gemeinsames Lebensthema verbunden, nämlich die Antwort auf die Frage, wie wir zu stehen haben zwischen Ewigkeit und Zeitlichkeit.

Ich berichte hier von einer Begebenheit, die auf die von uns unbemerkte Festlichkeit des Lebens eindringlich aufmerksam macht[50].

Der Jesuitenpater hatte sich dem sogenannten Kreisauer Kreis um den Grafen von Moltke angeschlossen, als die Willkürherrschaft der Nazis sich bereits ihrem allmählichen Inferno näherte. Es war das Jahr 1944, in dem die Vorahnung des eigenen Endes den Totentanz des Volksgerichtshofes und besonders seinen Vortänzer in purpurroter Robe, Roland Freisler, zu größerer Aktivität und immer gewagteren und rücksichtsloseren Schwüngen veranlaßte. Man verhaftete im Zuge dieser zunehmenden Radikalität alle Männer dieses Kreises, zu denen neben von Moltke und Pater Delp noch der Reichstagsabgeordnete der SPD, Carlo von Mierendorff, der Pädagoge Professor Adolf Reichwein, der sozialdemokratische Journalist Theodor Haubach und andere gehörten, und klagte sie des Hochverrats an.

Der Kreisauer Kreis – so benannt nach dem Ort der Zusammenkünfte dieser Männer auf dem Gut Kreisau bei der schlesischen Stadt Schweidnitz, das dem Landwirt und Juristen Helmuth Graf von Moltke gehörte – wollte insgeheim für den Fall des verlorenen Krieges Pläne und Gedanken erarbeiten, wie in der Zeit der Leere nach dem Ende des Regimes ein Neuaufbau Deutschlands aus christlichem Verständnis möglich sein könnte. Ihnen gemeinsam war der Wille, den Staat oder was von ihm dann noch an Armseligkeiten übrig geblieben war, nicht ins gänzliche Nichts fallen zu lassen, sondern rechtzeitig einen geistigen Neubeginn vorzubereiten, um den Sturz in das Chaos zu verhindern und die Hoffnungslosigkeit durch eine neue geistige Orientierung zu mildern.

Pater Delp wollte zu dieser Aufgabe beitragen, indem er die möglichen Vorstellungen der katholischen Kirche hierzu ausarbeitete und vortrug. Sie beruhten auf der „iustitia socialis“ (soziale Gerechtigkeit) der Enzyklika „Quadragesimo anno“ des Papstes Pius XI. Obwohl in zeitlicher Nähe sich befindend hat sich Pater Delp weder aktiv noch auch mit irgendwelchen Vorbereitungen am Attentat auf Hitler vom 20. Juli desselben Jahres beteiligt. Die Anklageschrift hat ihn von dieser anfänglich erhobenen Beschuldigung daher auch freigesprochen. Seine einzige Schuld war, „sich auf konspirative Gespräche und Planungen mitten im Kriege einzulassen, sie selbst aktiv vorwärts zu treiben und dabei seine Wohnung sogar als Schlupfwinkel für die Verschwörerbesprechungen zur Verfügung zu stellen“ (aus der Urteilsbegründung des Volksgerichtshofes 1945).

Im nachhinein gesehen erscheint diese Begründung, nimmt man sie unabhängig von den Zeitereignissen, gänzlich unsinnig und unzureichend. Sie wie auch die Hinrichtungswelle in dieser Endzeit sind nur verständlich auf dem Hintergrund des allgemeinen Kampfes der Kirchen gegen das Regime, das mit seinem brutalen Willen zur leiblichen Vernichtung ihrer Repräsentanten Zeichen setzen wollte in einer Situation der allmählich spürbaren Ausweglosigkeit.

Der Leidensweg des Jesuitenpaters begann mit seiner Verhaftung durch die GESTAPO und seiner Verbringung in das Untersuchungsgefängnis in Berlin. Barmherzige Frauen bemerkten an dem zur Wäsche gegebenen Hemd Blutspuren, und nun wurde es offenbar, daß er gefoltert worden war. In seiner Verzweiflung erwartet er den Tod durch einen Luftangriff: „Ich war wie erlöst, als Alarm kam, und erwartete die tötende oder die Flucht ermöglichende Bombe.“ Das Gefängnis blieb jedoch zunächst verschont.

Seine Situation verbesserte sich geringfügig, als er dann in das Gefängnis nach Tegel verlegt wurde. Statt der gefürchteten SS-Männer taten hier alte Wachtmeister ihren Dienst, und er konnte durch das vergitterte Zellenfenster die Wipfel einiger alter Bäume und ein großes Stück Himmel sehen.

Hatte er zunächst unter den Tritten der SS-Männer die erlösende Bombe herbeigesehnt, so wurde er nun von Ängsten heimgesucht, wenn die Luftgeschwader ihre Fracht über dem nächtlichen Berlin niederließen. Es war eine besonders perfide Strafe der SS, die Gefangenen während der Bombenangriffe in ihren Zellen zu lassen. Dort erwartete er nun nachts auf seiner Pritsche liegend oder tags beim ‚Zirkus‘ genannten Rundgang auf dem Gefängnishof, bei dem man nur gelegentlich gegen die Wand sprechend seinen Hintermann erreichen konnte, sein Urteil.

In die graue Unbestimmtheit hinein trifft es ihn dann wie ein alles grell erleuchtender Blitz: Tod durch den Strang! Er wurde aber aus ungeklärten Gründen nicht sogleich nach der Urteilsverkündung nach Plötzensee, zur Hinrichtungsstätte – „dem Haus des Grauens und des Todes“ – gebracht, sondern muß auf seine Erlösung warten. Es mag sein, daß der Henker, der wegen der ständigen Zunahme der Todesurteile nun Tag und Nacht zu arbeiten hatte, überlastet war, jedenfalls wartete er auf das Auto zum Galgen vergeblich, und ständig drangen über einen heimlichen Informationskanal die Nachrichten von der Erhängung seiner Mitgefangenen in seine Zelle. Besonders die Ermordung seines Freundes von Moltke beschwert sein Herz.

Und so sehen wir ihn in seinem Kerker sitzen, durch Handschellen gefesselt und in seinen Gedanken die Todesart umkreisend, wie er die letzte Minute überstehen wird.

Nun im Angesicht des sicheren Todes geht mit ihm eine kaum glaubliche Wandlung vor sich.

Er hat sie uns, aufgezeichnet mit den gebundenen Händen, als kostbares Geschenk hinterlassen. Er schreibt wie auch schon vorher Tagebuchnotizen, Meditationen und Briefe und legt vor dem nun auf ihn wartenden Kreuz Rechenschaft ab.

Vor der Verurteilung, aber doch mit Vorahnungen des Schlimmen schreibt er von seiner Veränderung als einer Art Raumvergrößerung des Lebens: „Das Leben ist so ungeheuer plastisch geworden in diesen langen Wochen, was früher Fläche war, erhebt sich jetzt in die dritte Dimension. Die Dinge zeigen sich einfacher und doch figürlicher, kantiger. Vor allem aber ist der Herrgott so viel wirklicher geworden. Vieles, was ich früher gemeint habe zu wissen und zu glauben, das glaube und lebe ich jetzt.“ [51]

Dann führen ihn seine Überlegungen zu einer Neubewertung seines früheren Lebens und zu einer Selbstanklage: „Wie habe ich doch früher die Worte von der Hoffnung und vom Vertrauen im Munde geführt. Jetzt aber weiß ich aus Erfahrung, daß ich so dumm und töricht war wie ein Kind. Um wieviel Kraft und Tiefgang habe ich mein Leben, um wieviel Fruchtbarkeit meine Tätigkeit und um wieviel Segen meine Menschen betrogen, weil ich nicht genug fähig war, Gottes Wort vom Vertrauen, das ihn ruft, einfach und herzlich und ehrlich ernst zu nehmen.“

Fahnen über dem Dasein

Das Leben in der Schwebe zwischen Hangen und Bangen, zwischen Freiheit und Auslöschung, in dem ihm das Geschenk zuteil wird, daß der Wächter die Fessel so nachlässig geschlossen hat, daß er mit der linken Hand hinausschlüpfen kann und in dem er sich rechtlich bereits auf dem Galgenberg wohnen sieht, führt ihn zu der schmerzlichen Erkenntnis, daß er nach dem Willen Gottes geläutert werden soll und daß dies der tiefere Sinn und die Bestimmung seines Leidens ist. Er nennt es die in ihm nun entbrennende „Leidenschaft der Sendung zum Menschen“, der durch diese Tragödie lebensfähig und lebenswillig gemacht werden soll und sagt: „Innerlich war viel Eitelkeit und Selbstsicherheit und Anmaßung und Unwahrhaftigkeit und Lüge in diesem Jahr. Mir ist das eingefallen, als sie mich beim

Schlagen einen Lügner nannten, weil sie wieder einmal entdeckt hatten, daß ich ihnen keine Namen sagte, die sie nicht schon wußten. Ich habe Gott gefragt, warum er mich so schlagen läßt. Für die Unklarheit und Unwahrhaftigkeit meines Wesens, das ging mir auf.“

Dieser Prozeß der Klärung, den er bisweilen auch seine Erziehung durch Gott nannte, führte ihn nun, bedenkt man die ausweglose Lage dieses Mannes, zu einer schier unglaublichen Meditation, die uns erhalten geblieben ist. Wie von den Märtyrern aller Jahrhunderte berichtet wird, daß sie ein Nein und ein Ja zugleich bekannten, insofern sie zwar mit dem brennenden Gefühl der Unvereinbarkeit die ihnen als böse erscheinende Kraft ablehnten, zugleich aber mit einer unerschütterlichen Sicherheit ihre Zustimmung zur Welt im ganzen bezeugten, so hören wir auch von ihm kein Wort der Verzweiflung und des Selbstmitleids, kein Wort auch über das Unglück dieser Welt, ja über die Welt im ganzen. Im Gegenteil, nun gänzlich freigeworden zur großen Perspektive, zur großen Preisung des Lebens schreibt er eine *Meditation über die Bedingungen der wahren Freude.*

Er rechnet zunächst mit der verbreiteten Ansicht ab, daß die wahre Freude immer das Bewußtsein von bleibendem Besitz zum Grunde habe. „Ja, was ist das nun, die Freude, die wahre Freude? Die Philosophen sagen, es wäre die Zufriedenheit und Gehobenheit des Gemütes über ihm zur Verfügung stehende Güter. Das mag für irgendwelche Phänomene der Freude stimmen, aber die Freude ist das nicht. Wie sollte ich sonst in dieser Zeit und in dieser Lage zu einer wahren Freude kommen?“ Er fragt sich, ob man sich in dieser Situation und angesichts des totalen Krieges überhaupt mit dieser Frage befassen sollte. Es ist ja möglich, daß die Freude in dieser menschlichen Verwüstung nur ein Luxusartikel ist, aufgespart für bessere Zeiten. Auch ist das Zuchthaus nach dem Willen seiner Verwalter doch das Haus der Verzweiflung und der Strafe, in dem die Freude scheinbar kein Wohnrecht hat.

Gegen alle Vermutungen jedoch sehen wir sich die Wandlung dieses Menschen vollenden, wenn er nun schreibt: „Und dann muß es einem in solcher Lage immer wieder geschehen, daß plötzlich das Herz die Fülle des zuströmenden Lebens und Glückes nicht mehr zu fassen vermag. Daß plötzlich und ohne daß man weiß, warum und worüber, wieder Fahnen über dem Dasein gesetzt sind und wieder Verheißungen gelten." Und im Zweifel, ob diese Freude eine wahre zu nennen ist, fährt er fort: „Das eine oder andere Mal mag es die Notwehr des Daseins sein, das sich wehrt gegen die depressive Vergewaltigung. Aber immer ist es dies nicht. So oft war es eine Ahnung kommender guter Botschaft – auch dies gibt es in unserem Kloster zum harten Leben."

Ganz in Übereinstimmung mit der Erfahrung, daß die wahre Freude keineswegs eine Flucht vor der Wirklichkeit des Unglücks und seinen einzelnen Manifestationen voraussetzt, sondern sich gerade in einer Übernahme des Wirklichen in seinem inneren Wesen ereignet, heißt es in dieser Meditation weiter: „Aber dies war nicht alles. Es gab und gibt die Stunden, in denen man getröstet ist und innerlich gehoben, in denen man die Sachlage genau so real und aussichtslos sieht wie sonst und doch nicht gram wird darüber, sondern es wirklich fertig bringt, das Ganze dem Herrn zu überlassen."

Die unumstößliche Autorität dieses Mannes, dessen Körper von unaufhörlichen Torturen erschöpft war und der in solcher Dürftigkeit vegetieren mußte, daß er um Schnürsenkel, ein paar ganze Schuhe und eine Kopfbedeckung für die tägliche Freistunde im Regen bitten mußte, macht uns glaubhaft, daß *Freude, Fest und Glück im inneren Brunnen des Menschen selbst* zu suchen sind: „Die Bedingungen der wahren Freude sind gar nicht Bedingungen des äußeren Lebens, sondern meinen eine innere Verfassung und Zuständigkeit des Menschen, die es ihm möglich machen wird, auch in widrigen äußeren Verhältnissen immer wieder einmal wenigstens zu ahnen, was es eigentlich um das Leben ist."

Wir lernen aber auch von ihm, welches die großen ‚Freudentöter' sind, die das menschliche Leben in ein graues und bedeutungsloses Dämmerlicht tauchen und den Aufschwung des Herzens lähmen. Es sind die Prediger der allgemeinen Sinnlosigkeit, die ihr Ziel nur dadurch erreichen, daß sie uns aus dem einzig fruchtbaren Spannungsfeld zwischen Ewigkeit und Zeitlichkeit herauslösen und durch diese Vereinfachung sich selbst zum Aufmerksamkeitsmittelpunkt des Dogmas machen wollen; als Folge davon irren die Menschen verwirrt in einem Dasein ohne Klarheit und Deutlichkeit umher, werden von einer unerträglichen Vielfalt der Wertorientierungen in die Ratlosigkeit und Unentschiedenheit getrieben und gleiten in ihrer Hilflosigkeit und Haltlosigkeit wie auf einer schiefen Ebene dorthin, wo am lautesten und anziehendsten die Propagandamelodie ertönt.

Dann beschreibt er eine Welt, die von diesen Kassandras in das ausweglose Spiegelkabinett getrieben worden ist, so: „Da ist der Mensch in das Grenzerlebnis geraten. Er erlebt sich als Grenze und die Welt und die Dinge, obwohl die bunten Schwingen des Geistes und der Sehnsucht über alle Grenzen hinausdrängen. Allein gelassen mit den Dingen kommt er über die Grenze nicht hinaus und verfällt dem Eindruck einer mißlungenen Welt und vor allem eines mißlungenen Menschen. Und schon ist der Mensch in Gefahr, in dem Schwermutserlebnis, durch das uns das Schicksal immer wieder schickt, stecken zu bleiben, weil er die innere Botschaft der Dinge und das innere Lied der Geschehnisse nicht mehr hört. Die Welt wird ihm leicht ein Raum der Trostlosigkeit, den zu bewohnen sich eigentlich nicht recht lohnt, obwohl man keinen Ausweg weiß."

Diese mahnenden Worte sind in das Stammbuch der Existenzphilosophen geschrieben, denen er schon zu früheren, glücklicheren Zeiten den Kampf angesagt hatte. Für ihn ist eine Bestimmung des menschlichen Lebens, wie sie zum Beispiel Heidegger geliefert hat – „Dasein ist Hineingehaltenheit in das Nichts" – schiere Anmaßung. Niemals kann aus einem absoluten Nein zur Welt eine wie auch immer geartete Freude entstehen; wer Nein an den von ihm selbst verdunkelten Himmel schreibt, muß wissen, daß er sich selbst aus dem einzigen Paradies vertreibt, dessen wir gewiß sind. Eine besonders schwere Verantwortung lädt er zudem auf sich, wenn er diese metaphysische Negation auch für andere verbindlich machen will.

Alle gedanklichen Leitlinien in dieser schönsten aller mir bekannten Meditationen, einer Selbstprüfung unter strengster Disziplin mit jubelnder Zustimmung zum Werk Gottes, laufen ihm schließlich in dem flammenden Zentrum zusammen, wo das Gewicht des Menschen gewogen wird und wo er sich zu bekennen hat. Nackt und ohne Vorbehalte hat er sich zu entscheiden, ob er in einer übertriebenen Selbstzentrierung sich nur auf sich selbst stellen will, nur sich selbst vertrauen will und bei sich selbst bleiben will oder ob er exzentrisch leben, eine Zentrumsverlagerung vornehmen will. Für Delp sind es besonders drei Eigenschaften, denen der moderne Mensch nur zu gerne und bereitwillig zuneigt, weil er in ihnen Heil und Ruhe der Seele zu finden hofft: Es sind Autarkie, Isolierung und Anmaßung. Derjenige Mensch, der sich in eine so bezeichnete Verselbstung versperrt und einschließt, beraubt sich der „Fähigkeit des Atems und der tiefen Freude". Nur wenn er wieder lernt, *sich in einer Wandlung seines Wesens von sich selbst zu lösen,* sich hinzugeben, sich zu schenken und sich zu öffnen, wird er wieder Lieder kennen und die heimlichen Brunnen wieder rauschen hören.

Nach der Ermordung des Paters versuchten Frauen, die ihm nahestanden, seine Habseligkeiten und seine Asche abzuholen. Sie wurden ihnen nicht ausgeliefert. Himmler, dessen eigener Asche dasselbe widerfahren ist, verfügte, man solle sie in die Felder streuen, um keine Erinnerung an diesen Mann wachzuhalten. Göring steigerte mit der ihm eigenen pathetischen Pose diese Verachtung noch, indem er den Acker für zu anständig erachtete, um die Asche dieses Mannes zu bergen und empfahl, sie statt dessen über Rieselfelder zu streuen.

So können wir diesem entschiedenen und unvergleichlichen Manne für seine Gaben und Erkenntnisse über die Festlichkeit des Lebens, mit denen er unserem Dasein Tiefe und Würde gegeben hat, nicht wie es seit Menschengedenken der Brauch ist, mit einem Strauß Blumen an seinem Grab danken; denn er hat keines.

So bleibt uns nur, nicht zu trauern, daß er von uns gehen mußte, sondern uns zu freuen, daß er überhaupt gelebt hat und – um seine eigenen Worte zu gebrauchen – daß er Fahnen über unserem Dasein gehißt hat, wie er es sich immer gewünscht hat.

11.
Die größte aller Herausforderungen

Das Wahre ist das Ganze.

G. W. F. Hegel

Am Schluß müssen wir uns dem Fragwürdigsten zuwenden und dürfen ihm, wenn wir glaubwürdig bleiben wollen, nicht ausweichen. Maslow hat es ein Jahrhundertproblem der Psychologie genannt.

Es ist die Frage, wie wir uns freuen können, wie wir das Fest des Lebens feiern können und wie wir Gipfel-Erlebnisse haben können – *angesichts des Bösen in der Welt.* „Das Problem, wie es der religiöse Mensch bezeichnet hat, wie man ein gottesfürchtiges Leben in einer gottlosen Welt führen kann; wie unter dem Aspekt der Ewigkeit leben; wie die Vision der Vollkommenheit in einer unvollkommenen Welt bewahren; wie sich erinnern an Wahrheit, Güte und Schönheit inmitten von Falschheit, Bösem und Häßlichkeit." Wir berührten diese Frage bereits und versuchten eine vorläufige Antwort.

Es ist selbstverständlich, daß ein so unbefangen und offen jedem Grundproblem menschlicher Existenz entgegentretender Mensch wie Maslow allen Formen der Weltflucht eine Absage erteilt. Daher erwähnt er sie auch nur, ohne sie zu empfehlen. „In der Vergangenheit haben viele ganz unterschiedliche Menschen die Welt hinter sich gelassen, um diese Vision zu erreichen; sie schlossen sich zum Beispiel in Klöster ein oder führten ein asketisches Leben usw. Viele haben versucht, das Fleisch, den Körper, das Verlangen zu besiegen, aus dem falschen Glauben heraus, daß dies in Widerspruch stünde zum Ewigen, Vollkommenen, zum Göttlichen, dem Bereich des Seins."

Solche Praktiken, solche Selbstkasteiungen und -abtötungen

sind hingegen nicht notwendig; denn es gibt keine privilegierten Orte und Handlungen, die das Glück des Himmels herbeizaubern. Überall kann sich die verwandelnde Freude ereignen, und es ist töricht, die Bräuche und Lebenssituationen in reife, gleichsam himmelsnahe und unreife, himmelsferne aufzuteilen. Für den Himmel gibt es keinen Logenplatz. Ob Kirche, Ashram, Denkschule oder Therapiezentrum – nirgendwo gibt es den großen Augenblick mit Sicherheit; denn der auserwählte Moment kann sich überall einstellen. So ist es auch verständlich, wenn Maslow sagt, daß „den unreifen Vorstellungen vom Himmel als einer Art exklusivem Klub an einem bestimmten Ort, vielleicht über den Wolken, Gipfel-Erlebnisse in sinnvoller Weise eingegliedert oder diese Vorstellungen sogar ersetzen können. In Gipfel-Erlebnissen wird das Wesen des Seins selbst oft unverhüllt wahrgenommen, und die ewigen Werte scheinen dann Eigenschaften der Wirklichkeit selbst zu sein oder, um es mit anderen Worten zu sagen, der Himmel befindet sich um uns herum, im Prinzip ständig zugänglich und bereit, daß wir ihn für einige Minuten betreten. Er ist überall – in der Küche, der Fabrik oder auf dem Sportplatz – *überall* wo Vollendung geschehen kann, wo Mittel zu Zielen werden oder eine Aufgabe richtig erledigt worden ist."

Diese Botschaft ist tröstlich, und dennoch bleibt die beunruhigende Frage nach dem Fest in einer unfestlichen Welt. An ihrer überzeugenden Beantwortung scheint alles zu hängen. Wir können die Frage auch einengen, sie bleibt trotzdem drängend. Wir brauchen uns nämlich nicht unbedingt *alles* Böse zu vergegenwärtigen, um an der Berechtigung und Möglichkeit der Freude irre zu werden. Blenden wir nur aus unserem Bewußtsein die schockierende Tatsache nicht aus, daß mit dem Fest selbst die Gewalt, die Destruktion, die Brutalität, ja sogar der Tod verbunden sein können, wie das schaurige Ritual des spanischen Stierkampfes zeigt. Zu den Jubelschreien der Lust auf den Rängen gehören auch der ins Fleisch dringende Degen und die blutbespritzte Capa des Torreadors in der Arena. Der Soziologe Hildebrandt hat auf den Zusammenhang von Fest und Gewalt hingewiesen, daß maximale Vitalität und Tod sich nahe sein können. Er erwähnt als weitere Beispiele das Harakiri, „dieses Kultfest der individuellen Selbstvernichtung mit kollektiver Wirksamkeit“ und die Dankesfeiern der Jagdflieger im ersten Weltkrieg zur Zeit Richthofens, „die den Tod des Gegners wie den eigenen in einer festlichen Aura aufgehen ließen“[52].

Der Umgang mit Widersprüchen

Den Gang meines bisherigen Lebens überdenkend bemerke ich, daß mich ein Thema besonders in Atem gehalten hat: *das Rätsel des Widerspruchs.* In der Kindheit erlebte ich ihn nur schwach; ich glitt von Augenblick zu Augenblick und hatte an der liebessicheren Hand meiner Mutter bald vergessen, was mich eben noch schmerzte oder beglückte. Trotzdem war er da. Die Tiere zum Beispiel waren mir gut und böse zugleich. Mit bedrückender Überraschung bemerkte ich, daß mein Lieblingshund sich zärtlich an mich schmiegen und kurz darauf teuflisch die Zähne fletschen konnte. Oder die Helle des Tages, in der ich mein Spiel in der Hofecke so eingerichtet hatte, daß es nicht enden sollte, verschwand, und die Nacht mit ihrem ängstigenden Dunkel vernichtete meine beglückende Tagesaktivität. Später, als sich durch die Begegnung mit anderen Menschen meine Gefühlserfahrungen erweiterten, erhob sich der Widerspruch wieder, nun in anderer Gestalt, aber ebenso dumpf und unerklärlich. Zugleich mit der Zunahme meiner Bewußtheit wurde er drohender. Ich fühlte mich hilflos angesichts seiner, und Angst überfiel mich. Arm und reich, männlich und weiblich, Gefühl und Verstand, Liebe und Sünde, Krankheit und Gesundheit – überall taten sich Gegensätze auf, rissen meine Welt entzwei. Daß sich die Menschen, die ich liebte und denen ich freundschaftlich verbunden war, auch widersprüchlich und unverständlich verhielten – bisweilen mir nahe waren, bisweilen sehr fern, fürsorglich und aggressiv zugleich, fröhlich und traurig, selbstlos und egozentrisch – erschien mir unbegreiflich. Ich gestehe, daß bei mir noch heute die unerwartete Abkehr eines Freundes, deren Sinn ich mir nicht zu deuten weiß, grüblerische Selbstzweifel verursacht.

Am schwersten belasteten mich die Extreme des Moralischen. So befielen mich mitten im Unterricht plötzlich bei der Besprechung eines Goethe-Gedichts Haß und Ekel. Ich äußerte meine Kritik laut und unerbittlich, sah um mich herum jedoch nur mitleidige Gesichter und stieß auf kühle Ablehnung. Viele Jahre vergingen, ehe ich unter Schmerzen erkannte, daß mir damals der Geist des Widerspruchs ans Herz gegriffen hatte. Mit aller Schärfe der Jugendlichkeit glaubte ich nämlich, einem Menschen nicht trauen zu dürfen und sei er auch ein Genie, der sich der Frau gegenüber so gegensätzlich verhielt, der sie nach allen Zeugnissen glühend zu lieben vermochte und zugleich kalt Abschied nehmen konnte. Mein moralischer Rigorismus diktierte mir die Verurteilung eines solchen Mannes. Erst als ich selbst den Widerspruch zu erleiden hatte, erinnerte ich mich, und nun erwachte mein Interesse für die ganz ungewöhnliche Kraft dieses Menschen, mit eben diesem Widerspruch fertig zu werden.

Natürlich ist dieses Jugenderlebnis für mich heute zum Lachen; dennoch erscheint mir die Welt jetzt wie ein Gang durch Räume eines großen Hauses, wobei sich nach der Auflösung eines Widerspruchs in einem Zimmer, die Türen zum nächsten öffnen, um noch größere Extreme zu präsentieren, bis schließlich die letzte Türe den größten Widerspruch erahnen läßt. Da wird die Szene dann unvermittelt ernst, das Lachen erstirbt und die Dämonen meines Lebens beginnen ihr Gelächter.

So in der Spannung des Widerspruchs lebend suchte und fand ich viele Ratschläge zu seiner Überwindung, altehrwürdige, scheinbar sichere sowohl wie weniger tragfähige. In den Stunden der Not und Bedrängnis mußte ich jedoch erkennen, daß sie alle auch nur in Meinungen über das Leben begründet sind, in Verstandeskonstruktionen, deren Festigkeit sehr zweifelhaft ist. Demgegenüber wies Maslow darauf hin, daß sich in Erlebnissen höchster Freude, Gipfel-Erlebnissen also, *regelmäßig auch Lösungen der Lebenswidersprüchlichkeiten anbieten.* „Auf den höheren Ebenen menschlicher Reife werden viele Dichotomien, Polarisierungen und Konflikte verschmolzen, transzendiert (überstiegen) und aufgelöst. Selbstverwirklichende Menschen sind gleichzeitig egoistisch und selbstlos, dionysisch und apollinisch, individuell und sozial, rational und irrational, mit anderen eins und von anderen distanziert. Was ich als geradliniges Kontinuum angenommen habe, dessen Extreme polar zueinander und soweit wie möglich entfernt voneinander waren, erweist sich eher als Kreis oder Spiralen, in denen die polaren Extreme in einer Einheit zusammenkommen." Daß die Gegensätzlichkeiten des Lebens in Augenblikken höchster Glückseligkeit und Erfüllung auch verbunden erscheinen können, ist für Maslow eine *Erfahrungstatsache;* sie gehört für ihn zu den ,hard facts' des Lebens, die nur zu leicht übersehen werden. Viele Menschen auf dem schwierigen Weg der Selbstverwirklichung bezeugen sie glaubhaft und unumstößlich. Diese Gegründetheit in der menschlichen Erfahrung hebt sie aber weit über den Wert bloßer Meinungen hinaus.

Daß wir in Gipfel-Erlebnissen in die Lage versetzt sind, das Widerstrebende als Einheit zu sehen, hat seinen Grund darin, daß wir nun aufgeschlossen sind, *das Ganze zu sehen.* „Je mehr wir das ganze Sein verstehen, umso besser können wir die gleichzeitige Existenz und Wahrnehmung von Inkonsequenzen, Gegensätzen und oberflächlichen Widersprüchen tolerieren. Sie erscheinen als Ergebnisse teilhaften Erkennens und verschwinden mit der Erkenntnis des Ganzen."

In meiner psychotherapeutischen Praxis ist dies in der Tat eine Alltagserfahrung. Wählen wir ein einfaches Beispiel: Ein Kind wird mir vorgestellt, das in seinen Schulleistungen versagt; man kann sich nicht erklären, warum. Ratlos wie Eltern und Lehrer bin auch ich zunächst. Man bemerkt, das Kind kann nicht sinnvoll lesen, es rast über die Zeilen und kann am Ende des Abschnitts den Inhalt nicht wiedergeben. Man hat den Eindruck, eine innere, ihm fremde Stimme treibt es ständig vorwärts. So isoliert und für sich genommen bleibt das Verhalten unverständlich. Nun greift man aus, tastet sich an den Hinweisen, die dieses falsche Verhalten selbst präsentiert, vorwärts und fragt sich: Wer wünscht diese erhöhte Lesegeschwindigkeit? Man versucht, sich über die Eltern ein Urteil zu bilden. Sie haben sich ein Ideal zurechtgemacht, in dem die Promptheit, die Schnelligkeit, das unmittelbare Reagieren im Zentrum stehen. Ziehe deinen Degen, bevor der andere ihn gezogen hat!

Quick muß man sein, sagt der Vater und bemerkt gar nicht, daß ihn diese Einstellung blind für die Schwierigkeiten seines Kindes gemacht hat. Es fügt sich eins zum anderen, die Prestigeforderung nach hohem Tempo einerseits und der Wunsch nach Tiefe des Verständnisses andererseits, Gegensätze verlieren ihren Gegensatzcharakter und ein Ganzes mit Sinn und Bedeutung hebt sich heraus.

Übrigens erklärt sich so auch der alte Lebensrat, für die Lösung eines Problems ein zweites hinzuzunehmen.

Maslow hat daran erinnert, daß auf diese Weise sogar der schwierigste Mensch, der sich gleichsam quer zum Üblichen, zur normalen Erwartung – wenn es denn eine solche gibt – verhält, der neurotische Mensch nämlich, verstanden werden kann. „Der neurotische Mensch, von einem gottähnlichen Standpunkt aus gesehen, kann dann als wundervolle, komplexe, sogar schöne Einheit des Prozesses gesehen werden. Was wir gewöhnlich als Konflikt, Widerspruch und Dissoziation sehen, kann dann unvermeidlich, notwendig, sogar schicksalshaft wahrgenommen werden. Wenn man ihn voll verstehen kann, dann nimmt alles seinen notwendigen Platz ein, und er kann ästhetisch wahrgenommen und gewürdigt werden." Seine leidvollen Widersprüche, seine Konflikte und Spaltungen, die scheinbaren Unvereinbarkeiten seines Wesens insgesamt bekommen dann Sinn und Weisheit. Maslow mahnt sogar zu der Einsicht, daß unsere Begriffe von Krankheit und Gesundheit verschmelzen und verschwimmen können, „wenn wir das Symptom als einen Druck in Richtung Gesundheit oder die Neurose als die im Moment gesündeste mögliche Lösung für die Probleme des einzelnen sehen".

Aber Gipfel-Erlebnisse erheben nicht nur unser Gefühl, machen uns leicht und erlösen uns vom Geist der Schwere, sondern vermitteln uns auch umfassende Einsichten, deren Tiefe weit über bloßes Verstandesvermögen hinausgeht. Dabei können wir einem Lebensrhythmus vertrauen, in den wir uns von zwei Seiten aus einschwingen können. Wir können erleben, daß im Moment großer Freude viele quälende Widersprüche in einem anderen Lichte erscheinen; sie sind miteinander verbunden und laufen ineinander zurück. So gesehen ist die Freude das erste, und ihre Segnungen im Sinne intensiver und umwälzender Erkenntnisse folgen nach. Wir können uns aber auch bewußt zu diesem Licht hinführen, indem wir aktiv in unserem Alltagsleben mutig und hoffnungsvoll die uns ständig begegnenden Widersprüche aufzulösen versuchen. Dann ist die sorgenvolle Begegnung mit der Zerrissenheit der Welt und der Wunsch, die Gegensätze zu überwinden, das Primäre und wir können sicher erwarten, daß wir so die große Freude für uns vorbereiten.

Wieviel Leid und Gewissensskrupel kann uns das Entweder-Oder-Denken bereiten? Wieviel Zweifel bestürmten die Menschen zu allen Zeiten zum Beispiel, nur weil sie in ihrer Liebe geistig und sinnlich als ausschließlich begriffen. Vernunft und Sinnlichkeit sind in tieferem Verständnis jedoch gar keine Gegensätze. Die Lebenserfahrung zeigt uns bei genauerer Beobachtung, daß sehr vernünftige Menschen – recht verstanden: vernehmend also, nicht rational! – oft sehr sinnlich sind. Maslow hat diese hilfreiche und lebensdienliche Fähigkeit, Gegensätze als in anderen Dimensionen verschmolzen zu erkennen, regelmäßig bei selbstverwirklichenden Menschen angetroffen. Er wird nicht müde, auf die heilenden Kräfte dieser Menschen hinzuweisen, insofern heilen im ursprünglichen Sinne ja ‚ganzmachen' bedeutet. „Die Dichotomie zwischen Egoismus und Selbstlosigkeit verschwindet bei gesunden Menschen in Ganzheit, weil im Prinzip jede Handlung sowohl egoistisch wie selbstlos ist. Unsere selbstverwirklichenden Personen sind gleichzeitig sehr durchgeistigt und sehr heidnisch und sinnlich, sogar bis zu dem Punkt, wo Sexualität ein Weg zum Geistigen und ‚Religiösen' wird. Man kann nicht Pflicht dem Vergnügen oder Arbeit dem Spiel entgegensetzen, wenn Pflicht Vergnügen und Arbeit Spiel ist und wenn die Person, die ihre Pflicht tut und tugendhaft ist, gleichzeitig Vergnügen und Glück sucht. Wenn die am meisten sozial orientierten Menschen selbst auch die am meisten individualistischen sind, welchen Nutzen hat es, die Polarität beizubehalten? Wenn die am meisten reifen auch die kindlichsten sind? Und wenn die ethischsten und moralischsten auch die sinnlichsten und animalischsten sind."

Wir sind leider durch jahrhundertelange Prägung gewohnt, das eine Extrem auf Kosten des anderen zu kultivieren, zum

Beispiel die wahre Liebe für ‚rein' zu halten; das aber heißt, kein Haß, keine Aggression darf sich einmischen, und überkommen uns einmal solche antipathischen Gefühle doch, quälen uns Gewissensbisse. „Ich hasse und liebe; warum ich das tue, fragst du vielleicht. Ich weiß es nicht. Aber es ist so: ich fühl's, und es zerreißt mir das Herz", bekannte der römische Dichter Catull seine natürliche Zwiespältigkeit, und dieses Eingeständnis kennzeichnet die menschliche Existenz zweifellos lebensgerechter[53].

Am Rande sei vermerkt, daß auf dem Prinzip der Synergie (= gemeinsames Wirken) – so bezeichnet Maslow diese allumfassende Tendenz, im Gegensatz immer den Satz enthalten zu denken – beruht die gegenwärtig sehr starken Zuspruch findende Methode der Einübung in die konstruktive Verwendung der Aggression des Psychologen Bach[54]. Er beginnt daher seine Einführungskurse in das von ihm so genannte K-AG-System (konstruktives Aggressionssystem) damit, daß die Teilnehmer ihre natürlichen Aggressionen bejahen, anstatt sie zu beklagen.

„... die Dinge Ihrer Umgebung"

Mit dieser Praxis des Widerspruchs, der tagtäglichen synergistischen Bemühung um die Überwindung der Gegensätze und Konflikte berühren wir noch eine höhere – die letzte – Dimension. Zu ihrer Verdeutlichung wählen wir ein *Dichterzeugnis.*

Ein junger Mann mit sprachlicher Begabung und Sinn fürs Versemachen schickte dem damals schon sehr bekannten Dichter Rilke ein Bündel Gedichte und bat um seine kompetente Beurteilung und Kritik[55]. Rilke weigerte sich, diese delikate Aufgabe zu übernehmen. Diese Dinge seien alle nicht so faßbar und sagbar, wie die meisten uns glauben machen wollten. Die meisten Ereignisse unseres Lebens seien sehr verinnerlicht und „vollziehen sich in einem Raume, den nie ein Wort betreten hat". Dennoch läßt er den Bittsteller nicht ganz ohne Rat. Er schreibt ihm: „Retten Sie sich vor den allgemeinen Motiven zu denen, die Ihnen Ihr eigener Alltag bietet; schildern Sie Ihre Traurigkeiten und Wünsche, die vorübergehenden Gedanken und den Glauben an irgendeine Schönheit – schildern sie das alles mit inniger, stiller, demütiger Aufrichtigkeit und gebrauchen Sie, um sich auszudrücken, die Dinge Ihrer Umgebung, die Bilder Ihrer Träume und die Gegenstände Ihrer Erinnerung. Wenn Ihr Alltag Ihnen arm erscheint, klagen Sie ihn nicht an; klagen Sie sich an, sagen Sie sich, daß Sie nicht Dichter genug sind, seine Reichtümer zu rufen; denn für den Schaffenden gibt es keine Armut und keinen armen, gleichgültigen Ort." Was hier vom Schaffenden gesagt wird, kann für jeden Menschen gelten. Wir haben in einer langen Tradition gelernt, den Alltag abzuwerten; er ist für uns zum Werktag geworden, zur Zeit des traurigen Einerleis, zum grauen Alltag. Wir leben aber zielgerichtet, auf den Sonntag hin. Das, was alle Tage geschieht, kann nach dieser Vorstellung nichts Besonderes sein. Sicher hängt diese Wertminderung des Alltags mit der negativen Einschätzung der Arbeit zusammen, die dann als Frohn und Plackerei gilt. Dem sei aber Luthers Wort entgegengehalten, daß der Streich eines Dreschers in der Scheuer vor Gott so viel gelte wie ein Psalter, den ein Kartäuser singt.

Rilke weist auf diese falsche und ungerechtfertigte Gewichtung hin; denn gerade der Alltag ist voller Reichtümer, die wir jedoch zu rufen lernen müssen.

Daß im Grunde jeder Tag ein Festtag sein kann, dies ist eine sehr alte Lebensanschauung. Der zu Beginn erwähnte griechische Philosoph Epiktet ist der Erfinder der liebenswürdigsten Idee vom Leben, nämlich daß bei rechter Einstellung jeder Tag festeswürdig ist. „Wenn du dich gebessert hast, wenn du dich nicht mehr in den früheren Bahnen treiben läßt, wenn du nicht mehr der bist, der du früher warst, dann kannst du jeden Tag ein Fest feiern," sagt er[56], und wir sollten festhalten, daß auch er wie der Dichter alle notwendigen Mittel zur Freude in die Hand des Menschen selbst gelegt sieht. Er macht sie einzig und allein von *seiner Bereitschaft, sich zu wandeln* abhängig. Gestern übersahst du die freundliche Geste eines Bekannten, du erwidertest ein Wort, hinter dem Zuneigung und Sympathie standen, nicht und warst ungeduldig, als jemand deine Aufmerksamkeit dringend brauchte – dies alles darf und kann geschehen, aber in einem Moment der Einkehr bringe dir zu Bewußtsein, *daß* es dir geschah, und achte darauf, daß es sich nicht wiederholt.

So oder so ähnlich muß der Philosoph seinen verstiegenen und lebensentfremdeten zahlreichen Zuhörern den Kopf zurechtgesetzt haben, als er ihnen diese einzige Bedingung wahrer Freude, die Bereitschaft zur ständigen Revision der eigenen Fehler, demonstrierte.

So müssen wir also für das Fest des Lebens den größten aller Widersprüche auflösen und überwinden: Wir müssen das Gewöhnliche, das Übliche, das Geläufige, das Unauffällige, das kein Aufhebens von sich macht, im Lichte einer höheren Bestimmung zu sehen lernen – *den Alltag heiligen.* Dies empfiehlt auch Maslow und führt uns die tiefere Bedeutung dieser Aufgabe vor Augen, indem er weiter sagt: „Vorzugsweise in einem Menschen, aber auch in einer Blume und einem Baum – in allem – kann man sein platonisches Wesen (seine göttliche Herkunft) sehen und zwar zu genau derselben Zeit, zu der man es als es selbst sieht, im konkreten Sinne." Wir können demnach das Konkrete genießen, die Gegenwart, was im Hier-und-Jetzt geschieht, die Schönheit eines Gedichts, die Geschmeidigkeit einer Bewegung, den Zauber einer Landschaft, das Herzergreifende einer sehnsüchtigen Melodie usw., und gleichzeitig können wir es heiligen. Dann erleben wir es nicht nur als es selbst, sondern gleichzeitig als Symbol eines höheren Seins. Wir können ständig unsere Einstellung verändern oder die Welt im selben Moment mit verschiedenen Augen wahrnehmen, indem wir das uns täglich Begegnende als es selbst nehmen und gleichzeitig seine ewige Bedeutung verspüren.

Maslow erkennt diese doppelte Wahrnehmung, in der alles in Zeitlichkeit und Ewigkeit zugleich erscheint, besonders bei sehr reifen und weit entwickelten Menschen; jeder aber könne zu jeder Zeit mit der Übung in diesem Wahrnehmen beginnen. Er nennt das Ziel dieser Lektionen in Anlehnung an alte religiöse Traditionen das *Einheitsbewußtsein*[57] und bemerkt dazu: „Es ist leicht, und man kann es lernen. Für mich ist es eine leichte Sache. Ich meine, wir können es lehren, einfach durch die Kraft von Beispielen oder dadurch, daß wir Menschen berichten lassen. Und ich meine, wir können unseren Blick schärfen für dieses Einheitsbewußtsein, diese vereinheitlichende Wahrnehmung, die in der Lage ist, in jeder Person das Weltliche und das Geheiligte zu sehen: das Hier-und-Jetzt und das Ewige, das Archetypische, das Symbolische, das Mythische, das Poetische, den Sinn, in dem eine Geschichte auch ein Gleichnis ist (mit einer viel weiterreichenden Bedeutung als in sich selbst)."

Diese Wahrnehmung steigert die Köstlichkeit, die Kostbarkeit und die Fülle unseres Lebens so sehr, daß sich unsere gesamte tiefinnere Einstellung zur Welt wandelt. So klingt dann nicht mehr befremdlich, wenn Maslow versichert, daß der Gedanke an den selbstgewollten Abschied vom Leben, an den Selbstmord für immer verschwindet und seine beunruhigende Unheimlichkeit verliert. „Diese vereinheitlichende Wahrnehmung hat sehr tiefe Wirkungen auf den Menschen, weil er dann in einem bestimmten Sinne in einer guten Welt lebt."

Aber auch Tod und Sterben können dann nicht mehr schrekken; „denn dies macht einen guten Tod möglich, auf den alle Religionen ihre Hoffnungen gesetzt haben und den sie zu erlangen versuchen, der ein sehr schönes Schicksal ist, weil uns doch ständig diese über uns hängende Wolke leiden macht, die Furcht vor dem Tode. Wenn man die Furcht vor dem Tode überwinden kann, was möglich ist – wenn ich Sie in diesem Moment eines würdigen statt eines unwürdigen Todes versichern könnte, eines gnadenvollen, versöhnlichen, philosophischen Todes (den der Priester einen guten Tod nennen würde) –, dann würde sich Ihr Leben in diesem Augenblick verändern. Und der Rest Ihres Lebens würde sich ändern. Jeder Moment würde sich ändern. Daher glaube ich, wir können dieses Übersteigen des Ich, diese vereinheitlichende Erfahrung lehren. Ich glaube sogar, daß allein die Tatsache, daß wir einige wenige Minuten über sie gesprochen haben, Ihnen helfen wird, sie bei vielen von Ihnen so ins Bewußtsein zu heben, daß sie für Sie ein bleibender Besitz ist."

Schräg wirft die Herbstsonne ihr schweres Licht auf den Rasen und bildet gleichzeitig die Tannenumrisse ab. Ich schaue nach draußen in den Garten; mir fallen einige Zeilen des Trakl-

Gedichts ‚Verklärter Herbst‘ ein: „Gewaltig endet so das Jahr – mit goldnem Wein und Frucht der Gärten …“ Ich sehe den weißlackierten Gartenstuhl an der Hausecke, in dem ich mich verborgen hielt – in diesem Jahr meines schwersten Leids; eine lange Krankheit hatte mich aus der Bahn geworfen. Vor mir auf dem Schreibtisch liegt sein Bild: das schmunzelnde Gesicht mit dem zurückgekämmten Haar, dem Schnurrbart und der großen Hornbrille, wie ihn die Welt kennt. Er hört gerade jemandem aufmerksam zu, achtet nicht auf die in den Händen gehaltenen Papiere. Maslow erzählte einmal einer Journalistin, stets seien ihm in schweren Stunden des Lebens irgendwelche Engel in Menschengestalt begegnet. Und ich frage mich nun, da die Last der Krankheit allmählich schwindet und die Lebensfreude wiederkehrt: War er mit seiner unerschütterlichen Zuversicht in der Zeit dieser Not *mein* Engel?

Dank einem lachenden Psychologen

Ein Fest feiern heißt neben anderem auch danken. Am Ende soll daher postum einem Psychologen der Gegenwart gedankt werden, nämlich Abraham Harold Maslow – er starb am 8. Juni 1970 –, dessen Mut und Unabhängigkeit die meisten Erkenntnisse über das Leben als Fest, die Lebenssteigerung also, zutage gefördert haben. Er hat uns gezeigt, wie man, ohne aus der Rolle des Wissenschaftlers zu flüchten, völlig neue Dimensionen eröffnen kann. Der Wert seiner Entdeckungen für den allmählichen Gestaltwandel der Psychologie kann nicht hoch genug eingeschätzt werden. Ich vermute, daß der Tag kommen wird, da seine Erkundungen – er nannte sie scherzhaft „Überfallkommandos ins Unbekannte" – ebenso ‚grundstürzend' wirken werden wie seinerzeit die Tiefenpsychologie, für deren vermutete Wirkung Freud diesen Begriff verwendete. Anzeichen hierfür lassen sich in vielen Teilen der Welt beobachten.

Vor allem aber sind seine Erkenntnisse für die Umgestaltung und Erneuerung unseres Alltags, für seine Bereicherung, Verschönerung und Verlebendigung von noch nicht absehbarer Bedeutung; die Entdeckung ihrer praktischen Relevanz ist selbst ein erregender Prozeß.

Die Jugend dieses Mannes war unglücklich und einsam. Er war der einzige jüdische Knabe in einem nicht-jüdischen Stadtteil Brooklyns und kam sich nach eigenen Angaben vor wie der erste Neger in einer ausschließlich weißen Schule. Aber diese Außenseitersituation nutzte er in einer unglaublich produktiven Weise. Er machte das Neue und Unwahrscheinliche, das Nichtübliche und auch Verpönte, das noch Ungeborene und Nichtfertige, die Überraschungen des Lebens zu seinem Thema.

Als reifer Mann faßte er einen auf den ersten Blick maßlosen Entschluß: „Ich wollte beweisen, daß Menschen zu Größerem fähig sind, als zu Krieg, Vorurteil und Haß ... Ich wollte alle jene Probleme in die Wissenschaft einbringen, die Nicht-Wissenschaftler behandeln – Religion, Poesie, Werte, Philosophie, Kunst." Aber wie bei allem, was er mit dieser erfrischend unvoreingenommenen Haltung anpackte, war er auch hier erfolgreich. Sein Stern begann zu leuchten; sein Zeugnis verbreitete sich bald um die ganze Erde und beeinflußte viele psychologische Richtungen. Den ihn beflügelnden Geist beschrieb er in einem Interview so: „Ich bin einer, der neuen Boden lieber pflügt als unbeachtet liegen zu lassen. Ich langweile mich sonst. Ich liebe die Entdeckung, nicht das Beweisen. Ich gerate in Erregung, wenn ich auf Entdeckung bin." Er hielt sich selbst für einen Pionier und war es auch in einem ganz ungewöhnlichen Maße. So ist sein Leben selbst, das einem Credo des grenzenlosen Vertrauens folgte trotz aller Verwirrungen und Verzweiflungen, eine Aufforderung dazu, daß es gegenwärtig gilt, *trotzdem* das Dasein als Fest zu feiern.

Ich beabsichtigte in diesem Buch, nur die Linien und Farben des interessanten Bildes, das er entworfen hat, etwas stärker zu zeichnen, Beispiele aus meiner helfenden Tätigkeit zu bringen und hie und da eine neue Erkenntnis hinzuzufügen.

Anmerkungen

[1] Daisetz T. Suzuki: Die große Befreiung. Einführung in den Zen-Buddhismus. Bern [9]1980, S. 93.
[2] Friedrich Nietzsche: Also sprach Zarathustra. 3. Teil, Werke in drei Bänden, hrsg. von Karl Schlechta, 2. Band, München [7]1973, S. 415 und Die Unschuld des Werdens. Der Nachlaß. Ausgewählt und geordnet von Alfred Bäumler, 1. Band, Stuttgart 1978, S. 250.
[3] Josef Pieper: Zustimmung zur Welt. Eine Theorie des Festes. München [2]1964, S. 46, S. 46/47 und S. 47/48.
[4] Pierre Teilhard de Chardin: Der Mensch im Kosmos. München [2]1983, S. 231.
[5] Ludwig Marcuse: Philosophie des Glücks. München 1962, S. 172.
[6] Günter Kunert: Abtötungsverfahren. München 1980, S. 87.
[7] Friedrich Sieburg: Die Lust am Untergang. Selbstgespräche auf Bundesebene. Hamburg 1954.
[8] Siehe Anmerkungen 10 und 11.
[9] Epiktet. Was von ihm erhalten ist. Von R. Mücke. Heidelberg 1924, S. 376; griechisch: Epictetus, recensuit H. Schenkl, Stuttgart 1965, Encheiridion, c. 50.
[10] Die wichtigsten Quellen zu Abraham Harold Maslows *Leben* sind: Frank Goble: Die dritte Kraft. A. H. Maslows Beitrag zu einer Psychologie seelischer Gesundheit. Olten und Freiburg i. Br. 1979 (mit einem Vorwort von Abraham H. Maslow); über die Gipfel-Erlebnisse berichtet der Autor S. 82ff, allerdings ist die gesamte Darstellung sehr unzulänglich. Colin Wilson: Abraham H. Maslow – eine biographische Skizze. Zeitschrift für Transpersonale Psychologie, 1983, *1,* 2, S. 163–181. A. H. Maslow: A Memorial Volume. Compiled with the Assistence of Bertha G. Maslow. Monterey, Cal. 1972. Richard J. Lowry: A. H. Maslow: An Intellectual Portrait. Monterey, Cal. 1973. Darüber hinaus gelegentliche Berichte über Daten und Erlebnisse aus seinem Leben in seinem Werk verstreut, z. B. in Stanley Krippner: The Plateau Experience: A. H. Maslow and others. Journal of Transpersonal Psychology, 1972, *4,* 2, S. 107–120 (Ausschnitte dieser Diskussion deutsch in Zeitschrift für Transpersonale Psychologie, 1983, *1,* 2, S. 147–150).
Ein fast vollständiges *Literaturverzeichnis* seiner Schriften findet sich unter Abraham H. Maslow: A Bibliography. Journal of Humanistic Psychology, 1970, Nr. 2, Band 10, S. 98–110. Für sein Leben ebenfalls von Bedeutung ist ein längeres und sehr aufschlußreiches Interview, das Maslow der Journalistin Mary Harrington Hall gegeben hat: M. H. Hall: A Conversation with the President of the American Psychological Association, Abraham H. Maslow. Psychology Today, 1968, 2, 35–37; 54–57.
Eine umfassende Biographie wie auch eine gründliche Darstellung seiner wissenschaftlichen Vorstellungen fehlen jedoch immer noch.

[11] Alle in diesem Buch verwendeten Zitate zu den ‚Gipfel'- und ‚Plateau'-Erlebnissen(Erfahrungen) sind wenigen Quellen entnommen; der Fundort wird nicht im einzelnen angegeben, da die Textstellen leicht aufzufinden sind. Die wichtigsten Quellen hierzu sind: Lessons from the peak-experiences. Journal of Humanistic Psychology, 1962, 2, 9–18 (deutsch: Lernerfahrungen aus den Gipfel-Erlebnissen. Zeitschrift für Transpersonale Psychologie, 1983, *1*, 2, 131–145. Stanley Krippner: The Plateau-Experience: A. H. Maslow and others. Journal of Transpersonal Psychology, 1972, *4*, 2, S. 107–120. Motivation and Personality. New York [2]1970, S. 164–165 (deutsch: Motivation und Persönlichkeit. Olten und Freiburg i. Br. 1977, S. 236–237). Die Übersetzung dieses Hauptwerkes von Maslow hat leider keinen Namen- und Sachindex. A. H. Maslow: Religions, Values and Peak-Experiences. New York 1964. A. H. M.: Toward a Psychology of Being. Princeton 1962 (deutsch: Psychologie des Seins. Ein Entwurf. München 1968) und Theory Z. Journal of Transpersonal Psychology, 1969, *1*, 31–47 (deutsch: Zeitschrift für Transpersonale Psychologie, 1983, *1*, 2, S. 89–113. Dazu auch Oskar Lockowandt: Gipfel-Erfahrungen. Die Wiederentdeckung des Dionysischen durch die Humanistische Psychologie. In: Gerd-Klaus Kaltenbrunner: Grund zum Feiern. Abschaffung und Wiederkehr der Feste. Herder-Initiative, Band 45. Freiburg i. Br. 1981, S. 51–77.

[12] William James: Die Vielfalt religiöser Erfahrung. Eine Studie über die menschliche Natur. Olten und Freiburg 1979, S. 358 ff.

[13] in 12, S. 362.

[14] Die Übersetzung des Begriffs ‚peak-experiences' mit ‚Grenzerfahrungen', wie sie sich in allen deutsch erschienenen Büchern von Maslow findet, ist falsch und mißversteht gerade den Sinn des Gemeinten, nämlich die *Ent*grenzung des Daseins. Der Autor bezeichnet daher als ein Charakteristikum dieser Erfahrungen „Gefühle grenzenloser Horizonte für den sich öffnenden Blick" (in Motivation and Personality, 1970, S. 164). In diesem Buch wird der Begriff durchweg mit ‚Gipfel-Erlebnis' wiedergegeben.

[15] Epikur. Philosophie der Freude. Eine Auswahl aus seinen Schriften übersetzt, erläutert und eingeleitet von Johannes Mewaldt, Stuttgart 1973, S. 46 (griechisch: Epicurus, edidit von der Muehll, Stuttgart, 132, 4–7).

[16] Gene F. Nameche: Two Pictures of Man. Journal of Humanistic Psychology, 1961, 1, 70–88. Der Autor unterscheidet ‚caring cognition' = sich sorgende, liebende Erkenntnis und ‚cold cognition' = kalte Erkenntnis.

[17] Seattle: Wir sind ein Teil der Erde. Die Rede des Häuptlings Seattle vor dem Präsidenten der Vereinigten Staaten von Amerika im Jahre 1855. Olten und Freiburg i. Br. [6]1983, S. 9/10.

[18] Friedrich Nietzsche: Der Fall Wagner. Werke in drei Bänden, hrsg. von Karl Schlechta, 2. Band, München [7]1973, S. 906.

[19] Marghanita Laski: Ecstasy. A Study of some Secular and Religious Experiences. New York 1968, S. 375 ff.

[20] Marcel Proust: In Swanns Welt. Auf der Suche nach der verlorenen Zeit. Erster Teil. Übersetzt von Eva Rechel-Mertens. Frankfurt a. M. 1981, S. 63/64.

[21] Daisetz T. Suzuki: a. a. O. S. 103, 102, 103.

[22] Johann Wolfgang von Goethe: Dichtung und Wahrheit. Hamburger Ausgabe, Band 9, S. 578.

[23] Daisetz T. Suzuki: a. a. O. S. 62.

[24] Franz von Assisi: Geliebte Armut. Texte vom und über den Poverello. Ausgewählt und eingeleitet von Gertrude und Thomas Sartory. Freiburg i. Br. 1977, S. 104/5.

[25] Johann Wolfgang von Goethe: Italienische Reise. Hamburger Ausgabe, Band 11, S. 133.
[26] Knut Hamsun, in Selbstzeugnissen und Bilddokumenten. Dargestellt von Martin Beheim-Schwarzbach. Hamburg 1979, S. 7/8.
[27] Meister Eckhart: Predigten und Schriften. Ausgewählt und eingeleitet von Friedrich Heer. Frankfurt a.M. 1956, S. 91.
[28] Friedrich Heer: Einleitung zu 27.
[29] Meister Eckhart: Lateinische Werke. Dritter Band. Stuttgart/Berlin 1940, S. 191/2.
[30] Viktor E. Frankl: Der Wille zum Sinn. Ausgewählte Vorträge über Logotherapie. Bern 1972, S. 20.
[31] in 12, S. 378.
[32] Johannes vom Kreuz: Sämtliche Werke in fünf Bänden. 2 Band: Dunkle Nacht. München [7]1979, S. 144.
[33] William James: a.a.O. S. 359.
[34] William James: a.a.O. S. 378.
[35] Sämtliche Schriften der hl. Theresia von Jesu. Erster Band: Leben von ihr selbst beschrieben. München und Kempten [3]1960, S. 261 ff. Die hl. Theresia kennt drei Arten von Visionen: die körperliche, bei der man mit den Augen des Körpers sieht, die imaginäre, bei der wir mit den Augen der Seele wahrnehmen, und die intellektuelle, eine Form unmittelbarer Gewißheit; diesen Visionsformen entsprechen wiederum drei Wege, der Reinigungsweg, der Erleuchtungsweg und der Einigungsweg. – Die Nähe vieler Gedankengänge Maslows zur Mystik überhaupt und zur hl. Theresia sind interessant und sollten eingehender verfolgt werden. So spricht auch er von einem Einheitsbewußtsein (unitive consciousness), und von der Mystikerin scheint auch das Bild vom ‚Gipfel' (peak) zu stammen. Im 20. Hauptstück spricht die hl. Theresia von der Verzückung und beschreibt sie als eine Erhebung des Menschen auf eine Höhe: „Welch eine Herrschaft behauptet doch eine Seele, die der Herr zu dieser Höhe erhebt, von wo sie über alles herabschaut, ohne darein verwickelt zu sein!" S. 194.
[36] Paul Watzlawick, Janet H. Beavin und Don D. Jackson: Menschliche Kommunikation. Formen, Störungen, Paradoxien. Bern [3]1972, S. 61 ff.
[37] Heinz Werner: Grundfragen der Sprachphysiognomik. Leipzig 1932, S. 10.
[38] Friedrich Hölderlin: Dichtungen und Briefe. München 1952, S. 77/78.
[39] Th. Klauser: Stichwort ‚Fest'. In: Reallexikon für Antike und Christentum. Bd. 7. Stuttgart 1969, S. 747–766.
[40] Claudio Naranjo und Robert E. Ornstein: Psychologie der Meditation. Frankfurt a.M. 1976, S. 102 ff.
[41] Claudio Naranjo: a.a.O. S. 103 ff.
[42] Sidney Jourard: Disclosing Man to Himself. New York 1968.
[43] Arthur Koestler: Der Yogi und der Kommissar. Auseinandersetzungen. Suhrkamp [2]1980.
[44] Sigmund Freud: Gesammelte Werke. Bd. 14, S. 421 ff.
[45] Nikos Kazantzakis: Alexis Sorbas. Abenteuer auf Kreta. Braunschweig 1952, S. 376/377.
[46] Herbert Otto: The Minerva Experience: Initial Report. In: James F. T. Bugental: Challenges of Humanistic Psychology, New York 1967, S. 119–124. Und Herbert Otto: Multiple Strength Perception Method, Minerva Experience and others. In: Herbert A. Otto: Explorations in Human Potentialities. Springfield 1966, S. 471–486.
[47] Epikur: a.a.O. S. 44.

[48] Zitiert nach Marilyn Ferguson: Die sanfte Verschwörung. Persönliche und gesellschaftliche Transformation im Zeitalter des Wassermanns. Basel 1982, S. 86.
[49] Plato: Sämtliche Werke. Band 1. Hamburg 1966, S. 30.
[50] Alfred Delp: Kämpfer, Beter, Zeuge. Letzte Briefe. Beiträge von Freunden. Freiburg/Basel/Wien 1955.
[51] Alfred Delp: Im Angesicht des Todes. Geschrieben zwischen Verhaftung und Hinrichtung 1944–1945. Frankfurt a.M. [11]1981, in der Reihenfolge der Zitate S. 13, 22, 46, 46/47, 49, 50, 50/51. Gegenwärtig erscheint im Verlag Josef Knecht, Frankfurt am Main, eine längst überfällige Ausgabe seiner Schriften in einer sehr guten Ausstattung. Alfred Delp. Gesammelte Schriften. 4 Bände. Hrsg. von Roman Bleistein 1982/83.
[52] Walter Hildebrandt: Ritus und Leidenschaft. Anthropologische Bemerkungen zum Festefeiern. In: Gerd-Klaus Kaltenbrunner: Grund zum Feiern. Abschaffung und Wiederkehr der Feste. Herder-Initiative, Band 45. Freiburg i.Br. 1981, S. 130–144.
[53] Catull: Liebesgedichte. Lateinisch und Deutsch. Übertragen von Carl Fischer. Wiesbaden, o.J. S. 78/79.
[54] George R. Bach und Herb Goldberg: Keine Angst vor Aggressionen. Wie lerne ich mit Aggressionen kreativ umzugehen und durch offene Auseinandersetzung meine Partnerprobleme neu zu klären. Düsseldorf [3]1977.
[55] Rainer Maria Rilke: Briefe. Wiesbaden 1980, S. 46/47. Der Adressat ist der österreichische Schriftsteller und Offizier Franz Xaver Kappus.
[56] Epiktet: a.a.O. in H. Schenkl S. 401/2 (eigene Übersetzung).
[57] siehe Anmerkung 35.

Personenregister

Bach, George R. 130
Bach, Johann Sebastian 47
Benn, Gottfried 80
Bizet, Georges 42
Byron, George 34

Calvino, Italo 34
Canaletto, Antonio 33
Catullus, Gaius Valerius 130
Chrysostomus, Johannes 9
Churchill, Winston 48
Cicero, Marcus Tullius 28
Cox, Harvey 92

Delp, Alfred 113, 115–122

Eckhart 48, 64
Eichendorff, Joseph von 91
Epiktet 20, 131
Epikur 32, 100

Frankl, Viktor E. 66, 67
Franziskus von Assisi 56
Freisler, Roland 115
Freud, Sigmund 89, 90, 135

Göring, Hermann 122
Goethe, Johann Wolfgang von 53, 59, 126

Hamsun, Knut 61
Harlow, Harry F. 21
Haubach, Theodor 115
Heer, Friedrich 64
Hegel, Georg Wilhelm Friedrich 123
Heidegger, Martin 121
Hesse, Hermann 111
Hildebrandt, Walter 124
Himmler, Heinrich 122
Hitler, Adolf 116
Hölderlin, Friedrich 78
Homer 115

James, William 24, 72, 73
Jeremias 75, 76
Johannes vom Kreuz 71, 75
Josua 10
Jourard, Sidney 87
Jung, Carl Gustav 74

Kant, Immanuel 111
Kazantzakis, Nikos 95
Klauser, Th. 81
Koestler, Arthur 21, 89
Kokoschka, Oskar 10
Kunert, Günter 15

Laski, Marghanita 46, 49, 74
Lewis, Clive Staples 62
Luther, Martin 19, 24, 131

Marcuse, Ludwig 15, 17, 18
Mierendorff, Carlo 115
Moltke, Helmuth Graf von 115, 116, 117
Moses 76
Mozart, Wolfgang Amadeus 47

Nietzsche, Friedrich 11, 42

Otto, Herbert 98, 99, 101

Pieper, Josef 11, 13, 19, 82
Pierce, Franklin 41
Pius XI. 116
Plato 76
Proust, Marcel 50, 51, 52

Raabe, Wilhelm 88
Raffael 59
Reichwein, Adolf 115
Rembrandt 30
Richthofen, Manfred Freiherr von 125
Rilke, Rainer Maria 130, 131
Rolland, Romain 90

Seattle 41, 42
Shakespeare, William 47
Sieburg, Friedrich 18
Sokrates 114
Stalin, Jossif 48
Strawinsky, Igor 28
Suzuki, Daisetz T. 11, 44, 53, 54

Teilhard de Chardin, Pierre 12
Theresia von Avila 48, 55, 73
Thomas 87
Trakl, Georg 133

Wagner, Richard 33, 42
Watts, Alan 23
Watzlawick, Paul 76
Werner, Heinz 74, 77